JN080280

公共経済学 [第2版]

小川 光／西森 晃 [著]

ベーシック＋プラス
Basic Plus

中央経済社

はじめに

小説家の村上春樹さんのエッセイにこんな言葉があります。

　日本人のいちばん好きなことばは圧倒的に「努力」なんだそうだ。
僕なら迷うことなく「自由」を選ぶけどね。

　実は，（村上さんの趣旨とはちょっと違うと思いますが）世の中の多くの
経済学者も「自由」という言葉が好きです。なぜなら，人々の自由な行動こ
そが経済の発展をもたらし，社会を最適な方向へ向かわせるというのが経済
学の教えだからです。「自由」というと，人権の尊重や抑圧からの解放とい
った個人としての利点が強調されがちですが，社会全体の健全な発展という
側面からもこれは重要な概念です。
　しかし，とにかく人々を自由にすれば良いのかというと，当然ながら，そ
んなことはありません。「自由」では解決できない問題や，「自由」だからこ
そ発生する問題も存在します。そのような問題に対しては，政府が個人の自
由を抑制し，その行動に介入しなければならないこともあります。
　人々の自由をどこまで保障し，政府はどのような役割を担うべきなのか。
これはいくつかの学問（特に社会科学系）の主要なテーマですが，この問題
を特に経済学の観点から分析するのが公共経済学です。本書はその公共経済
学の入門的なテキストとして執筆されました。
　新聞を開くと，毎日のように政府の役割に関する報道がなされています。
農作物や薬などに対して価格規制・販売規制をすべきか，社会保障制度を今
後どのように運用すべきか，長引く不況に対して何らかの経済対策を打つべ
きか等々。これらの問題に対して読者の皆さんに経済学的に考えるきっかけ
を持ってもらうことができれば，筆者としてこれほどの幸せはありません。

▶本書の特長

　本書で取り扱われているトピックスは，公共経済学のテキストとしては標準的なものですが，その中であえて特長を探すとすれば，次の2つが挙げられます。1つは，各章の冒頭にちょっとした小話を挿入したことです。経済学の教科書は論理的に書かれることが多く，その論理の美しさは経済学の魅力でもあるのですが，一方で内容が無味乾燥になりがちということも言えます。そこで，関連する興味深い話を組み込んで，特に初学者の読者が取りかかりやすいように工夫をしてみました。

　もう1つは，入門的なテキストと言いながら，あえて数式を排除しなかったことです。数式なしで説明することもできなくはないのですが，少し深いところで議論をしようとすると，やはり数式の力を借りたほうが便利です。数式を使うのは，読者の皆さんを苦しめるためではなく，むしろ理解の手助けをするためだと考えてください。数学を用いた体系的な分析手法を身につければ，他の経済科目を学習するときはもちろん，実社会でもいろいろと役に立つことが多いはずです。それをふまえたうえで，できる限り前向きに取り組んでもらいたいと思います。本書で取り扱われる数学に自信のない人は，著者の1人である西森晃の著作『これから経済学をまなぶ人のための数学基礎レッスン』（日本経済評論社，2012年）を利用して，その使い方を勉強してみてください。

▶本書の構成

　本書の構成は以下の通りです。まず第2章と第3章でミクロ経済学の復習をします。経済の基本はあくまでも需要と供給にあり，政府は市場の補佐役に過ぎません。そのため，補佐の対象である「市場」について理解できなければ，政府の役割に関する議論をすることもできません。まず，市場でどんな取引がなされ，市場メカニズムはどんな資源配分を実現するのかを見ていきます。そのうえで，最終的に市場が非常に優れた資源配分機構であること

を，第2章では言葉と図で，第3章では数式を使って確認します。

　第4章から第8章は狭義の「市場の失敗」，すなわち，財やサービスが市場で適切に取引されないケースを扱います。具体的には，第4章と第5章で公共財，第6章で外部効果，第7章と第8章で自然独占問題を取り上げ，それぞれのケースでなぜ市場が失敗するのか，そして政府はどのように対応すべきなのかについて見ていきます。

　経済を評価するための基準として，効率性と公平性という2つの柱があります。経済学では基本的に効率性を重視した分析を行いますが，現実的な問題として公平性を無視することはできません。そこで，第9章では所得再分配，第10章では租税，第11章では年金問題を対象に，効率性だけでなく公平性をふまえた議論を行います。

　第12章と第13章では政府による景気安定化政策と，それに伴う政府の累積債務問題を扱います。ケインズ以来，政府が景気の調整を行うことは当然であると考えられるようになりました。このことは，人々の生活の安定化という面で大きな役割を果たしてきましたが，一方で現在の日本のように，政府が巨額の債務を抱え，財政の維持可能性に疑問を投げかけられる原因の1つにもなっています。日本政府は今後，景気を維持しながら財政再建をするという難しい舵取りをしなくてはいけません。そのような問題を考えるための基礎固めをすることが，この2つの章の目的です。

▶本書の使い方

　経済学に限らず，あらゆる学問の修得に重要なのは，「疑問に思う」→「自分で考えてみる」→「体系的に学習をする」→「もう一度考えてみる」というプロセスを繰り返すことです。単に「自分で考える」だけでは1人よがりですし，「人から教えてもらう」だけでは本当の理解につながりません。

　そこで，このプロセスを実行してもらうために，本書では次のような工夫をしました。まず，各章の最初に"Learning Points"が示されています。少し立ち止まって，ここに示されている2～3の疑問について，まずは皆さん

自身で考えてみてください。できれば，自分なりの答えをノートにしたためると良いでしょう。そのうえで本文を読んでください。

　そして，本文を読み終わったら，今度は練習問題が待っています。練習問題は3つに分かれています。

　"Working" では，ページ数の都合上，説明できなかったことや，難易度のやや高いことを問いかけます。「さらに学びたい人のために」や「参考文献」などを利用して，自分の力で調べてみてください。

　"Discussion" では，必ずしも正解のない問題を投げかけます。皆さん自身で考えたうえで，先生，友人，家族などと議論をしてみてください。新しい疑問や，もう一度学びたいという意欲がわいてくることでしょう。

　最後に "Training" では，逆に明快な答えのある問題を出しています。問題を解きながら，自分の理解度を確認してください。

▶謝辞

　本書は，奥野信宏先生の門下生2人が共著者となって執筆をしました。先生には，私たちがこの世界に入るきっかけをつくっていただいただけでなく，経済学の考え方，文章の書き方，ユーモア，そしてお酒の飲み方に至るまでさまざまなことを教えていただきました。先生のご指導がなければ，この本が生まれることはありませんでした。

　また，内藤徹（同志社大学），川地啓介（三重大学），須佐大樹（立命館大学）の各氏からは貴重なコメントをいただきました。この場を借りて感謝申し上げます。

　最後に，本書がなんとか形となったのは中央経済社の納見伸之氏のおかげです。遅々として進まなかった執筆作業をお詫びするとともに，これまでのご尽力に対してお礼申し上げます。

小川　光

西森　晃

第 **1** 章 公共部門の役割

Learning Points

▶市場で取引されている財やサービスには，政府の介入を受けているものと受けていないものがある。この違いはなぜ生まれるのか。
▶政府の役割とは何か。もし政府が存在しなかったらどのような問題が起きるか。逆に，もし政府がすべての経済活動に介入したらどのような問題が起きるか。

Key Words

混合経済　政府の役割

1 政府とは

「政府」という言葉を広辞苑で引くと，「近代国家における決定作成と統治の機構」と説明されています。ここで重要なのは「近代」という言葉で，それより前の時代には，国王や一部の貴族が国を統治しており，基本的にはその政策に国民の意思は反映されていませんでした。しかし，ロック（J. Locke）やルソー（J. J. Rousseau）の社会的契約説をきっかけに，政府に対する認識が変わります。国家における主権は国民にあり，政府は国民の厚生を向上させるために存在すべきであると考えられるようになりました。この思想がフランス革命やアメリカの独立戦争を引き起こし，近代の幕を開けたのです。

政府には，徴税権をはじめとする強力な権限が与えられています。しかし，これはかつてのように一部の人間に対して利益をもたらすためではありません。むしろ逆で，国民の生活をよりよくするために必要な権限です。

「政府」という言葉に対して，私たちが持つ印象はさまざまです。人によっては私たちを抑圧する憎むべき存在と見ることもあるでしょう。逆に，私たちを庇護してくれる大樹のような存在と考える人もいるかもしれません。一般に経済学の世界で「政府」と言う場合には，社会厚生の最大化を目指して市場を補完する役割を担う組織を想定します。

　もちろん，政府を運営するのも生身の人間である以上，そんなきれいごとだけで話は進まないのですが，議論のとっかかりとして，あるいは一種の思考実験として，そのような政府を想定することはそれなりの意味があるはずです。本書でも，以下では社会厚生の最大化を目的とする政府を想定しながら，政府の役割について考えていくことにします。

2 経済システム

　1国の経済と政府のあり方を考えたとき，極端に言えば2つの方式が考えられます。1つは，政府はいっさい市場に関与せず，家計や企業などの経済主体に自由に行動させる方法で，これを自由経済，あるいは分権的経済と呼びます。もう1つは，ありとあらゆる経済活動を政府，あるいは中央機関が決定するという方法で，これを計画経済，あるいは集権的経済と呼びます。

　とは言え，このような極端な体制はあまり現実的ではありません。以前はこれに近い経済体制も存在していましたが，歴史的な実験が繰り返され，制度に関する知識が蓄積し，システムが洗練されていくうちに，その様子も変化してきました。かつて計画経済を唱えていたソ連は消滅し，その一方で，自由経済の国々において政府の規模がだんだん大きくなるという現象が起きています。現在のほとんどの国は，自由経済を基本としながら政府にも一定の役割を背負わせる**混合経済**と呼ばれるシステムを採用しています。

　ここで考えてほしいのは，「自由経済の中になぜ政府が存在しなくてはいけないのか」，言い換えれば「政府はどのような役割を担わなくてはならないのか」ということです。日本は自由主義を基本にしていますから，果物や

野菜，家電製品，習字教室，マッサージなどの財・サービスは市場で自由に取引されます。これらについて，誰が何をいくらの価格で需要・供給しようと政府は基本的に関与しません。ところが，警察や消防というサービスはそうではありません。これらは国や地方自治体の担当範囲であり，政府が税金を用いて供給すべきであるとされています。また，電力や鉄道のように，民間が供給主体でありながら，その供給量や価格に関して規制がかけられているものも存在します。

　なぜ，あるサービスには政府が関与し，別のサービスには関与しないということが起こるのでしょうか。

　例えば，政府のやることが民間に比べて非効率的であるという意見があります。もしそれが本当ならば，美容院やクリーニング店のように，警察サービスも民間に任せれば良いはずです。ところが，実際には警察官は公務員として扱われ，公共部門がそのサービスの供給主体とみなされています。その反対に，もし仮に，政府が財・サービスの供給に携わることで社会をより良くすることが可能ならば，美容院やクリーニング店のサービスにも何らかの形で政府が介入すべきであるとも言えます。しかし，現状としてこれらは民間に委ねられ，政府はその行動に対してほとんど干渉していません。

　美容院と警察官が行うサービスにどのような違いがあるのでしょうか。政府はどのような取引に介入し，どのような取引には介入すべきではないのでしょうか。極論すれば，公共経済学というのは，これらの問いかけに対して答えを提供する学問と言えます。これから皆さんが学ぶさまざまな事柄には，このような問題意識があるということを理解しておいてください。

　この章の冒頭で，「近代より前の時代には，国王や一部の貴族が国を統治しており，基本的にはその政策に国民の意思は反映されませんでした」と書きました。しかし，近代よりはるか前に，極めて近代的な政府観を持っている人が中国にいました。孟子（前372〜287）という人です。

　「民を貴しと為し，社稷これに次ぎ，君を軽しと為す」

　これは『孟子』第十四巻，「尽心章句」にある言葉で，「まず民のことを一番に尊重しなくてはいけない。次に国家（社稷）で，国王は最後である」という意味です。孟子といえば，吉田松陰をはじめ幕末の志士に人気があったそうですが，この言葉を聞くだけでも，その理由がわかるような気がします。

3　政府の役割

政府と民間の関係について，結論を先に示しておくと次のようになります。

(1) 基本的に，政府は民間の取引に介入せず，財やサービスの取引を市場メカニズムに任せるべきである。

(2) ただし，次の3つの役割に関しては市場に任せてもうまくいかない。そのため，政府が何らかの形で市場の取引に関与する必要がある。

- 1. 資源配分の調整（市場の失敗への対応）
- 2. 所得分配の是正
- 3. 経済の安定化

　(1) は経済学，特にミクロ経済学における最も重要な結論です。これはどんなに強調してもし足りないことはありませんから，本書の第2章，第3章でその内容を詳しく見ていくことにします。(2) はマスグレイブ［1961］によって体系化された政府の役割です。以下，その内容を簡単に紹介していきます。

3.1 資源配分の調整

　世の中にはいろいろな財やサービスが存在しており，それらが日夜いろい
ろな人たちによって取引されています。これほどの種類のものが，これほど
の人たちによって取り扱われているのに，さしたる混乱がないというのは，
よく考えてみると驚くべきことです。

　人・モノ・カネ・時間などを誰がどれぐらい使うか，ということを表す言
葉として**資源配分**があります。日本語で「資源」というと，石油や鉄鉱石の
ような天然資源（natural resource）を指すことが多いようですが，英語の
"resource" にはもう少し広い意味が含まれているようです。経済学でも資源
という言葉を使うときには，天然資源だけでなく労働力や資本，時間なども
含まれると理解しておいてください。ここで，必要な資源を必要なところに
必要なだけ配分するのに大きな役割を担っているのが**市場**です。そして，一
定の条件がそろえば，市場は最も優れた資源配分機構となります。

　ところが，残念ながら，市場も万全ではありません。市場に任せておいた
のでは供給されないような財・サービスも中には存在します。あるいは社会
的に必要な分には足りなかったり，逆に過剰に供給されたりする財もありま
す。このように市場に任せておいても社会的に望ましい取引が実現しないこ
とを**市場の失敗**（market failure）と言います。市場の失敗が起きるときに
は，政府が市場に介入し，社会的に最適な取引がなされるように働きかける
ことが必要になります。これを，政府による資源配分の調整と呼びます。そ
の具体例としては，公共財の供給や外部効果の補正，そして自然独占産業に
対する規制が挙げられます。

3.2 所得分配の是正

　私たちがモノを買うためには，所得が必要です。その所得は何らかの生産
活動の対価として発生します。会社で働けば労働賃金が支払われますし，お
金を貸せば利子を得ます。土地を貸せば土地代，株式投資に対しては配当が

支払われます。

　これらの所得は決して固定的でなく，個人の努力によってある程度は改善可能です。例えば労働時間を多くしたり，労働の質を高めることで労働所得を増やすことができます。資産運用に関して勉強すれば，配当や利子所得を増やすことができるかもしれません。その意味で，努力をした者としない者，あるいは生産に貢献した者としていない者の間に所得格差が生じたとしても，ある程度は仕方のないことなのでしょう。

　ところが，所得を決定する要素は，努力や生産に対する貢献だけとは限りません。親から受け取る遺産の額は，本人の努力とは無関係な場合が多いでしょう。教育を受ける際にも，親や周りの環境によって状況が大きく変わり得ます。また，世の中にはさまざまな不確実性が存在しているので，同じことをやってもうまくいく人といかない人がいます。それから，努力だけでは補えない先天的な能力の差が存在している場合や，働きたいという意志はあったとしても，病気や怪我などでそれがかなわない場合もあります。

　このような理由で各個人の所得に格差が生じる場合，それは社会的に放置されるべきではないと考えられています。少なくとも，それなりの努力をしているにもかかわらず，生活するのに必要な最低限の所得を得られない人に対しては，何らかのサポートが必要でしょう。例えば病気で医療支出が多い人には健康保険で負担を軽減し，年をとって働けなくなった人には年金等で所得を保障するということが考えられます。また，あまりにも大きな所得格差は人々の労働意欲を失わせたり，犯罪を増加させる原因になったりする可能性があります。しかし，市場には所得格差を縮小させるようなメカニズムがありません。そこで，政府が累進所得税や相続税などを利用して，積極的に所得の再分配を行わなくてはならないのです。上に挙げた例以外に，公営住宅の提供，公的教育による機会均等化なども所得分配是正のための政策です。

3.3 経済の安定化

　長期的なマクロの経済状況は，主として人口動態と生産技術に依存します
が，短期的にはさまざまな要因（天候をはじめとする自然環境，外国の経済
状況，政治環境，人々の予測の変化，周期的な投資の変動）によって影響を
受けます。アダム・スミス（A. Smith）以後の古典的な経済学者は，このよ
うな経済変動に政府は関与すべきでないという認識を持っていました。彼ら
は市場に絶対の信頼を置いており，政府の介入は経済の自立的な回復を阻害
するという意味で，むしろ悪であると考えていたのです。みなさんも「夜警
国家」あるいは「レッセフェール（自由主義）」という言葉をどこかで聞い
たことがあるでしょう。このような言葉が彼らの思想を端的に表しています。

　経済学の誕生以来，「政府はできるだけ小さいほうが良い」という考え方
は，一種の教義のように扱われてきました。ところがこの考え方に真っ向か
ら反対した人物がいます。ケインズ（J. M. Keynes）です。ケインズは，経
済の規模や成長を決定するのは需要であるという**有効需要の原理**を唱え，市
場に需要が不足しているのであれば政府が積極的に需要を創出すべきである
と主張しました。ケインズによれば，政府が民間に代わって支出を増やすこ
とで，それが民間における追加的な需要を生み出し，最終的には政府の支出
以上の経済効果をもたらすとされます。これなら，政府が市場に積極的に介
入することの意義がわかります。

　経済学は，ケインズの登場以前と以後で大きく変化しました。このような
一連の変化は「ケインズ革命」と呼ばれ，マクロ経済学を誕生させるきっか
けとなりました。ケインズによって，政府は経済における最も重要なプレー
ヤーの１人となり，経済を安定させるという大きな役割を与えられました。
経済の安定化を実現するために最もよく用いられる手法が，**財政政策**と**金融
政策**です。前者は財市場を通して経済全体の有効需要を操作するためのもの
で，具体的には不況期に減税を行ったり，公共投資を増大させるということ
が挙げられます。後者は貨幣市場を通じて有効需要に刺激を与える方策で，
中央銀行による債券の売買や政策金利の操作などが当てはまります。その

他，為替レートへの介入や銀行への公的資金の投入なども経済の安定化のための政策として考えられています。

　一方で，政府は市場に介入すべきでないという古典派の主張も完全に否定されたわけではありません。と言うより，1970 年代に「大きな政府」の弊害が認識されるようになって以来，「小さな政府」を求める声が再びあがっています。1995 年にノーベル経済学賞を受賞したルーカス（R. E. Lucas）が率いる合理的期待形成学派のように，政府の経済安定化政策は無効であると指摘する声も少なくありません。

3.4　注意点

　以上見てきたように，資源配分の調整，所得分配の是正，経済の安定化という 3 つの問題は，市場に委ねておけば自然と解決されるというものではありません。そこで政府の介入が必要になります。ただし，これらについて政府が介入したとしても，社会厚生が改善されるという保証はありません。政府も万能ではないし，政府で働く人々が必ずしも無私であるとは限らないからです。こういった理由で，政府の介入が社会や経済をより悪化させることを**政府の失敗**と言います。たとえ市場の失敗が発生するケースでも，政府の失敗のほうがより大きな問題を引き起こすと予想されるのならば，あえて政府に介入させずに市場に委ねるという考え方も成立します。

　また，ここでは便宜的に政府の役割を 3 つに分けました。しかし，現実の政府の行動に関して，それが 3 つの役割のどれに相当するかと区別するのは容易ではありません。例えば本章の **3.2** で『累進課税を利用して所得の再分配を行わなくてはならない』と書きました。累進課税というのは所得の高い人に高い税率を，所得の低い人には低い税率を適用するという税体系ですから，これが所得再分配という役割を担っていることは理解できるでしょう。一方で，累進課税には「経済の安定化」という側面もあります。なぜなら，累進課税制度を導入すれば，不況期には高所得者が減って税収入が減り，好況期には高所得者が増えて税収入が増えることになるからです。これは「不

況期に減税を行い，好況期に増税する」という財政政策と一致します。

　それ以外にも，義務教育の供給，失業手当の整備など，複数の目的から導入されている政策は少なくありません。ある政策がどのような役割を担っているか，ということについては，常に複数の視点から考える癖をつけておいたほうが良いでしょう。

Working　　　　　　　　　　　　　　調べてみよう

　次のような思想を持つ人々は，市場と政府の関係についてどのような理想を掲げているか。それぞれの主張について調べてみよう。

(1) 古典派
(2) ケインジアン
(3) リベラリズム
(4) リバタリアニズム
(5) パターナリズム

Discussion　　　　　　　　　　　　　議論しよう

　次のそれぞれの主張に対して，あなたは賛成ですか，それとも反対ですか。自分の意見を述べたうえで，友人や先生と議論してみよう。

(1) 経済が不況に陥ったとき，政府は積極的に景気を回復させるべきである。
(2) 将来性のある産業に対して政府は積極的な支援をすべきである。
(3) 消費者を保護するために，企業や産業に規制を課すのは仕方がない。
(4) 現在の日本において所得格差を縮小するような政策は必要である。

▶▶▶さらに学びたい人のために

●奥野信宏 [2008]『公共経済学（第3版）』岩波書店。
● 『図説日本の財政（各年度版）』東洋経済新報社。

参|考|文|献

●マスグレイブ著　大阪大学財政研究会訳 [1961]『財政学─理論・制度・政治（1-3）』有斐閣。

市場のメカニズム I

図解

▶ 市場において，価格と取引量はどのように決まるか。

▶ 市場で決まる価格は，社会的に望ましいものなのか。

▶ 市場に対して政府が介入することで，より望ましい状況をつくり出すことができるか。

インセンティブ　需要と供給　余剰　競争均衡　厚生経済学の第一命題

1 / 損か得か

　皆さんが買い物に行ったとしましょう。ちょうどバーゲンセールの期間で，いままでなかなか手の出なかったジャケットが半額で売られています。嬉しくてつい買ってしまいました。余ったお金でズボンと靴もそろえて，次に出かけるときに着ていこうと考えます。想像しただけでワクワクします。

　皆さんの部屋を見回してみてください。きれいに掃除されている人もいるでしょうし，散らかっている人もいるでしょう。掃除をすれば普段の生活を快適に過ごせるだけでなく，親に怒られないとか，探し物がすぐに見つかるとか，友達が突然遊びに来ても恥ずかしくないとか，いろいろと良いことがあります。でも，だからといってみんなが毎日きれいに掃除をするわけではありません。どうですか，自分の部屋はきれいに片づいていますか。

　朝，出かける前に空を見ます。どうも怪しげな雲行きです。慌てて天気予報を確認すると，50% の確率で雨となっています。傘を持っていくべきか，それとも降らないほうに賭けるか，さてどうしましょう。雨に濡れるのが嫌

なので怪しげな日は基本的に傘を持ち歩くという人もいれば，「重いから」とか「手が空かないから」という理由で傘を持たない人もいます。

　私たちは常に何らかの判断をしながら行動しています。そしてそこには1つの共通した原理があるように見えます。それは，意識的にか無意識的にかはともかく，「そこから得られる満足度」と「それをするために犠牲にしなければならないもの」を比較しているということです（経済学では前者を便益，後者をコストと呼びます）。ジャケットを買うと財布から何枚かのお札がなくなってしまいますが，失ったお金の価値よりもジャケットの袖に手を通すことの満足度が高いからこそ買い物をするのです。部屋を掃除しない人というのは，決してきれいな部屋を嫌いなわけではないでしょう。もし魔法の杖があって，クルッとそれをひと回しすれば部屋がきれいになるというのであれば，恐らく世の中の部屋という部屋はすべてきれいになっていると思います。でも残念ながらそんな便利な杖はありませんので，私たちは時間と労力をかけてせっせと掃除をしなくてはなりません。その時間と労力が惜しいとか，それをするほどにはきれいな部屋に魅力を感じていないという人たちは，掃除をしないままでいることになります。

　ここまでの話を一文でまとめると次のようになります。

　　私たちがある行動を起こしたり起こさなかったりするのは，そのメリットがデメリットを上回ると判断するからである。

あるいはこういう言い方もできます。

　人はインセンティブに反応する。

そんなの当たり前だろうと思うかもしれません。でも，何か問題が起こったときの人々の反応やマスコミの報道を見ていると，この当たり前の事実を忘れてしまったり，あえて無視したりする人は決して少なくないようです。これらの点に関してはフリードマン（M. Friedman）が非常に優れた洞察をしているので，一読をお勧めします（フリードマン[2008]）。

ネロは政策によって救われたか

日本でも人気の児童文学「フランダースの犬」に，ネロが家賃を払えなくなって家を追い出されるシーンがあります。その結果，ネロは行き場を失ってさまよい歩き，最後は愛犬パトラッシュとともにアントワープ大聖堂で憧れのルーベンスの絵を見ながら天に召されます。

このような悲劇が今の日本で起こったとすると，きっと大騒ぎになって，「弱者を守るための法律を強化すべきだ」という声が挙がることでしょう。感情論としてはわからないでもありませんが，残念ながら，政府が規制をすれば問題が解決するというほど，この問題は単純ではありません。

まず大前提として，今の日本には「借地借家法」という法律があります。だから，家賃を払えないという理由で，直ちに家を追い出されることはありません。しかし，仮に当時のフランドル地方に借地借家法があったとしてもネロが救われるわけではありません。

ポイントは，貸し手の立場になって考えてみることです。貸し手が借り手を追い出せないような規制は，借り手にとっては福音でも，貸し手にとってはリスクとコストの上昇でしかありません。そうなると貸し手だって対策を練ります。相手を厳重に審査したうえで，滞納の可能性がある人には最初から貸さないとか，貸すとしてもかなりのリスクプレミアムを要求するということになるでしょう。彼らだって「メリットとデメリットを比較して」行動するのです。

もし「フランダースの犬」の世界に借地借家法があったのなら，確かにネロは小屋から追い出されなかったかもしれません。しかしそれは，ネロがあの小屋でずっと暮らせたという意味ではありません。住宅市場の縮小と家賃の上昇で，そもそもネロは最初からあの小屋に入ることすらできなかったという，もっと救われない結末を意味します。

人はインセンティブに反応するということを忘れてしまうと，たとえ善意の政策であっても（あるいは善意の政策であるほど）残酷な結果をもたらすことがあるのです。

2 人々の行動は本当に合理的か

ところで，私たちは常にメリットとデメリットを比較しながら行動しているという前提に疑問を持った人はいませんか。別に私たちはいつもいつも損得ばかりで生きているわけではありませんし，いろいろな利害を瞬時に，かつ正確に判断できるほど計算能力が高いわけでもありません。経済学はもと

もと，合理的な個人という想定の下で議論を進めてきましたが，近年，行動経済学や実験経済学という分野の研究が発達してくると，人間の行動はそれほど合理的ではないということが明らかになってきました。テスト勉強をしないと痛い目に遭うとわかっていながら，ついついゲームに熱中してしまったり，やせたいと思っているのになぜか甘いものに手を出してしまったりという例を考えてみれば，誰にでも1つや2つは心当たりがあるでしょう。このような合理性への疑問によって，現在，経済学はさらに進化をしようとしています。このあたりの詳しい議論が知りたければ，大垣・田中［2014］を参照してください。

ただし，だからといって人間が完全に非合理的とするのは，それはそれでやはり極端な考え方と言えます。人間にはある程度の非合理性があるとしても，全体的には合理的だと考えるのが妥当なところではないでしょうか。本書では従来の経済学の想定に従って，とりあえず合理的な行動を前提としながら議論を進めていきます。

3 / 市場の淘汰機能

メリットが大きければ行動を起こし，デメリットが大きければその行動をやめてしまうという私たちの性質と非常に相性の良いのが市場という機構です。ある財が取引されている様子を頭の中に思い浮かべてください。そして消費者がこの財に対してとても高い評価をしているとしましょう。このとき，価格が少々高くても買う人は存在します。高くても売れるというのは，供給者にとっては魅力的な話ですから，この市場にはいろいろな企業が参入してくるはずです。そして多くの企業が切磋琢磨すれば，財の質が次々と改善されたり，あるいは派生的に新しい別の財が生まれたりします。

逆に評価の低い財の場合，価格も低くなります。そうすると，この市場に参入する企業はあまりいないはずですし，それどころかここから撤退するところも出てくるでしょう。こうして，私たちが高く評価をしている財の市場

はいろいろな意味で発展し，逆に低い評価の財は淘汰されることになります。このように市場内・市場間の新陳代謝を活性化させることが市場の優れた特質の1つです。

　このメカニズムを市場以外の機構，例えば政府によって実現することは可能でしょうか。理論的には不可能ではないかもしれませんが，政府が人々の好みや，生産のための技術・費用をすべて把握するというのはあまり現実的ではありません。また政府が時代の動きや嗜好の変化を敏感に察知し，リスクをとりながら新しい財を開発したり，不要になった財の生産を中止したりというのも難しそうです。

　仮にそれらのすべての条件が整ったとしても，政府がそれぞれの市場で頑張っている人たちに対して「君たちが作っている財は来年から不要になる見込みが高い。今年中に違う職に変えてもらおうか」とか「君のところはあちらの企業に比べると効率性が若干低いようだね。もう少し努力しようか」と言ったとして，皆が皆，素直に従うとはとても考えられません。市場という場所で，競争というプロセスを経るからこそ私たちはその結果を（しぶしぶながら）受け入れることができるわけで，第三者にいきなり自分の行動を否定されても素直に従うことはできないというのが人情でしょう。

　このように考えると，人々に望まれているものが自然と残り，望まれていないものが自然と消えるという市場の淘汰機能の優秀さがよくわかります。あるイギリスのテレビ番組で，何人かの希望者に100年前と同じ生活をしてもらうという実験をしたところ，あまりにも不便なため，ほんの数日で全員が音をあげたそうです（クルーグマン・ウォレス［2009］）。私たちはよく「古き良き時代」という言い方をしますが，少なくとも現代人が過去に戻って生きていくのは大変なようです。それぐらい，私たちの生活環境は時とともにダイナミックに改善されているのですが，このような改善をもたらす原動力は市場のメカニズムにあるのです。

4 最適生産量と最適価格

　市場にはもう１つ，それぞれの財の適切な取引量を実現するという性質もあります。多くの消費者と企業が集まる市場を考えましょう。消費者は需要曲線に沿って，生産者は供給曲線に沿ってそれぞれ行動します。この様子を表したのが**図表２－１**です。

　図の p, x は財の価格と量，D, S は需要曲線，供給曲線をそれぞれ表しています。消費者は安い価格で買うことを，生産者は高い価格で売ることを望むわけですが，相手のいることなのでなかなか思う通りにはなりません。あまりにも安い価格がつくと買いたい人ばかりになって，供給量が不足することになります。逆に高い価格がつくと買いたい人が減って，売れ残りが出てしまいます。このような需要と供給の不一致を調整してくれるのが価格です。一般的にはモノが余れば価格が下がり，足りなければ価格が上がります。その結果，最終的には競争均衡点と呼ばれる E 点で取引が実現することになります。このように決まる価格（p^*）と取引量（x^*）はそれぞれ均衡価格，均衡取引量と呼ばれます。

　結論を先に述べると，この均衡価格と均衡取引量は社会全体で生み出される**余剰**を最大にします。余剰については後で詳しく説明しますが，要するに

図表２－１ ▶ ▶ ▶ **価格メカニズム**

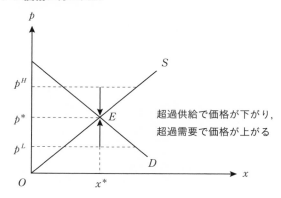

超過供給で価格が下がり，
超過需要で価格が上がる

取引によって生じる精神的・物理的な利益だと思ってください。ある意味非常に驚くべきことに，市場に任せておけば，消費者も生産者も誰ひとりとして社会全体のことを考えていないにもかかわらず，なぜか社会全体が望ましい状態に落ち着きます。アダム・スミスはこのメカニズムを「見えざる手（invisible hand）」と表現しました。

　以下では，このことを理解してもらうために，まず「余剰」の説明をし，競争均衡における社会的余剰の大きさを確認します。このあたりはミクロ経済学の復習ですから，わかっている人は読み飛ばしてもかまいません。

4.1　需要曲線の意味

　目の前にチョコレートが何粒かあるとします。ちょうどお腹がすいていたのでいただくことにしました。1粒食べるごとに美味しいなぁと思う気持ちが生まれます。ここで，この1粒ごとの満足感を金銭評価したとしましょう。「経済学は何でも金銭評価するからイヤだ」と批判する人もいるのですが，金銭評価しないと始まらないので我慢してください。1粒目は100円分ぐらい嬉しかったとか，2粒目は80円ぐらいかなとかそういう感じです。経済学ではこの値を**限界評価額**（限界便益）と呼びます。

　余談ですが，経済学ではこの「限界（marginal）」という概念を多用します。これは「ほんの少しだけ○○が増えたら」という意味で，例えば限界評価額は「ほんの少しだけ消費量が増えたら，評価額がどれぐらい変化するか」を意味します。後に出てくる限界費用は「ほんの少しだけ生産量が増えたら，生産費用はどれぐらい変化するか」です。高校で数学を学んだことのある人はわかるように，これは微分の概念と同じです。これから先，あちらこちらで「限界」という言葉が出てきますが，これが出てきたら「要するに微分すれば良いのだよね」と理解してください。

　さて，一般的に限界評価額は消費量が増えると減少していきます。チョコレートで言えば1粒目が一番美味しく，2粒目，3粒目と食べていくごとに満足度が減っていくはずです。飽きるということもあるでしょうし，お腹が

ふくれるということもあるでしょう。あまり食べ過ぎると限界評価がゼロになったり（もう要らない），マイナスになったり（食べ過ぎて気持ち悪い）することもあります。この関係を図に描くと，**図表2-2**のように右下がりになります。

　実はこの右下がりの限界評価曲線は，消費者の需要曲線を表します。以下，そのことを確認しましょう。まず，限界評価額を消費量（x）の関数として$MB(x)$（Marginal Benefit）と表します。そして，チョコレートを買うための価格（p）と，チョコレートを食べることによって生まれる限界評価を比較します。

図表2-2 ▶ ▶ ▶ 限界評価曲線

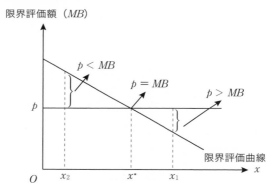

図表2-3 ▶ ▶ ▶ 需要曲線の高さは限界評価額

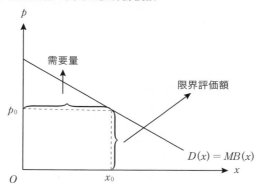

　例えばx_1という消費量を考えてみましょう。合理的な消費者ならpという価格の下でこのような消費量を選ぶことはありません。なぜならx_1では

$$p > MB$$

となっており，支払う金額に見合うほどの追加的な満足を得ることができないからです。一方，

$$p < MB \qquad (2.1)$$

となるような消費量（例えばx_2）を消費者が選ぶこともありません。この状況では，支払う金額よりも追加的な満足度のほうが高いため，消費者はx_2で消費をやめるのではなく，もっと多くの消費をしたいと考えるからです。

　消費者はどこまで消費を増やせば満足するでしょうか。(2.1) 式が成立する限り消費量を増やすのですから，消費がストップするのは

$$p = MB \qquad (2.2)$$

が成立するとき，すなわちx^*です。ここまできたら，もうそれ以上の消費をすることはありません。つまりx^*はこの価格における消費者の需要量を表します。

　もう一度，**図表2-2**を見てください。ここで，価格が上がったとしましょう。すると，水平な線が上にシフトして，その価格の下での需要量が減ります。逆に，価格が下がると，需要量は増えます。このように，消費者の需要量は限界評価曲線に沿って変化します。つまり，限界評価曲線は需要曲線そのものであり，(2.2) 式は消費者の需要関数を表すのです。

　ここからわかるように，需要曲線と限界評価曲線は見る角度が違うだけで，もともとは同じものです。縦軸に金額，横軸に量の軸をとった平面に描いた場合，曲線と縦軸の距離は，価格に対応する需要量を表し，曲線の高さは消費量における限界評価額を表します（**図表2-3**）。

4.2　消費者余剰

　財の消費を 1 単位増やすごとに発生する限界評価額を足し合わせると総評価額が得られます。例えばチョコレート最初の 1 粒からは 100 円，2 粒目から 80 円，3 粒目から 60 円という限界評価額が生まれたとしたら，この 3 粒から消費者が得た総評価額は $100 + 80 + 60 = 240$ 円となります。この値は，**図表 2−4** のグレー色で塗られた部分の面積に相当します。

　図表 2−4 では財の単位をある程度大きめに取りましたが，単位を細かくしていくと総評価額の大きさは需要曲線の下の面積に近づきます。**図表 2−5** において財の単位を極限まで小さく取ったとしましょう。仮に OB という価格が与えられれば，この消費者は OF の消費をするわけですから，総評価

図表 2−4 ▶▶▶ 総評価

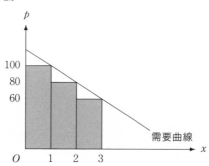

図表 2−5 ▶▶▶ 消費者余剰

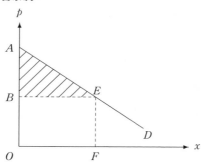

額の大きさが□*AEFO* の面積になります。

　消費によって得られた総評価額から支払額を引いたもの，すなわち，お金を払ってもなお余りある満足度のことを**消費者余剰**（Consumer's Surplus：*CS*）と呼びます。**図表2-5**において，*OB* の価格で *OF* の量を購入すると，□*OBEF* の支払いが必要になります。総評価額□*AEFO* からこれを引くと，△*AEB* が残ります。この面積が消費者余剰を表しています。

4.3 　供給曲線の意味

　消費者にとっての需要曲線が限界評価曲線であったように，生産者にとっての供給曲線は限界費用曲線です。以下，そのことを確認していきます。

　限界費用とは生産量を1単位増やしていくごとに必要となる費用のことです。例えば，ある財を3個作るのにトータルで200円の費用がかかるとしましょう。そして，同じ財を4個作るときの費用の合計は250円であるとします。このとき，3個目から4個目にかけての限界費用は50円であるという言い方をします。

　限界費用を $MC(x)$（Marginal Cost）と表すことにしましょう。そして，ある企業がある生産量における価格と限界費用を比べたところ，

$$p > MC(x)$$

であるとします。この状況では，企業は最適な生産を行っているとは言えません。なぜなら，企業はそこから生産量を増やすことで，価格と限界費用の差額を利潤として得ることができるからです。同様に，

$$p < MC(x)$$

という場合も，やはり企業にとって最適ではありません。この場合には生産を縮小することでより大きな利潤を実現することができます。結局，企業にとって最も望ましいのは，

$$p = MC(x)$$

という状況で，企業はこの式が成立するように生産を行います。つまり，企業の供給量は限界費用曲線によって規定されるということになります。その意味で限界費用曲線は供給曲線となるのです。

4.4 生産者余剰

　余剰分析におけるもう1つの重要な概念が**生産者余剰**（Producer's Surplus：PS）です。これは財の売上高から費用を引いたもののことで，ちょうど利潤と同じような概念だと考えれば良いでしょう。正確に言うと，利潤と生産者余剰では固定費用の扱いが変わりますが，この分析には関係がないので，ここでは無視してください。

　本章の **4.2** で限界評価曲線の下の面積が総評価を表すことを確認しました。これと同じ理屈が，限界費用曲線にも当てはまります。つまり，限界費用曲線の下の面積は，生産に必要な費用を表します。**図表 2－6** を見てください。ある財の価格が OB と与えられたとき，生産者は OF の供給を行います。このときの売上は □$OBEF$ の面積で表されます。一方，生産に必要な費用は供給曲線の下の面積である △OEF で表されます。以上の議論より，この市場における生産者余剰は △BEO であることがわかります。

図表 2－6 ▶▶▶生産者余剰

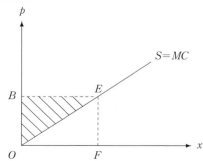

図表2－7 ▶▶▶価格規制

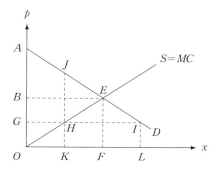

4.5 　社会的余剰

　市場に存在するすべての主体の余剰の和を**社会的余剰**（Social Surplus：
SS）と呼びます。ここまで見てきたように，余剰というのは取引から得ら
れる金銭的，あるいは精神的な利益のことですから，分配の問題を無視すれ
ば，社会的余剰は大きければ大きいほど望ましいということになります。

　図表2－7を使って具体的に確認しましょう。この市場において，消費者
と生産者が自由に行動すると E 点で均衡が実現し，OB の価格で OF の量が
取引されることになります。これまでの議論をふまえれば，このときの消費
者余剰は $\triangle ABE$，生産者余剰は $\triangle BEO$ となり，社会的余剰は両者の和と
して $\triangle AEO$ となることがわかります。

4.6 　政府による調整

　さてここで，この社会的余剰を政府の介入によってさらに大きくできるか
どうかを考えます。例えば「この財は必需品だ。それにもかかわらず OB と
いう価格は高すぎる。庶民にとってもう少し手の届きやすい範囲での価格に
設定すべきだ」という意見が出たとします。そして，政府がそれを受けて，
この財に対して OG 以上の価格での販売を禁止するという法案を作成した
とします。この政策はどんな効果をもたらすでしょうか。価格を下げて多く

の人が気軽に買えるようになれば，それだけ社会全体の余剰が増えると思う人がいるかもしれません。でも，残念ながらそうはなりません。

　政府が均衡よりも安い価格で規制をした場合，消費者は確かに OL の量を希望するのですが，企業にとってはそこまで供給するインセンティブはありません。何度も繰り返すように，私たちがある行動を取るのは，そこに精神的・物理的な利益があると見込まれるからであって，逆の場合にはその行動を取りやめることになります。この市場における企業の場合，OG の価格規制がなされれば，OK 以上の量を供給するインセンティブがなくなります。その結果，消費者の希望にかかわらず，市場での取引量は OK になってしまいます。このときの生産者余剰は $\triangle GHO$ です。消費者余剰は「最も大きい場合でも」$\square AJHG$ ですので，社会的余剰は最大でも$\square AJHO$ にしかなりません。これと競争均衡における社会的余剰 $\triangle AEO$ とを比べると，前者のほうが $\triangle JEH$ の分だけ小さくなっていることがわかります。このように，政府の介入などによって減ってしまった社会的余剰の大きさを**死荷重**（Dead Weight Loss：DWL）と言うのですが，価格規制は，この死荷重を発生させるという意味で問題のある政策ということになります。

　実はこのことは，価格規制に限らず他のどのような政策にも当てはまります。仮に完全な情報を有し，最も効率的な政策執行能力を持った政府が存在するとしても，競争均衡で達成されるよりも大きな社会的余剰を生み出すことはできません。ましてや，効率性に劣っていたり，公正無私ではない政府だったりすればなおさらです。その意味で，市場は最も優れた資源配分機構と言えるのです。

　なお，価格規制には死荷重を発生させる以外の問題もあります。図からわかるように，この政策によって KL という量の超過需要が生まれます。つまりこのケースでは財を得られる人と，（お金を払う意思はあるのに）得られない人が生まれます。何らかのコネがある人や運の良い人たちは財を安く手に入れることができるのですが，それ以外の人たちは購入をあきらめたり，入手までに長い時間待たされたりしなくてはいけません。その意味で，この規制は効率性という観点からだけでなく，公平性という面でも問題があると

言えます。価格規制のある産業の代表例として，医療や福祉がありますが，産科，小児科，救命救急や介護などのサービスで供給者が不足し，さまざまな問題が発生しているのは決して偶然ではありません。

5 / 2財のケース

5.1 モデル

ここまでは財の数が1つのケースを扱ってきましたが，本節では複数の財が存在するケースを考えましょう。ある経済には2人の個人（個人1と個人2）が存在し，それぞれ2種類の財（X財とY財）を消費することによって効用 $u_i(x_i, y_i)$ を得るものとします（$i = 1, 2$）。ただし，x_i, y_i は個人 i の X 財と Y 財の消費量を表しています。

個人 i は初期時点に X 財と Y 財をそれぞれ $(\bar{x}_i, \bar{y}_i)$ だけ保有しているとします。これらを自分で消費することもできますが，市場で売買することも可能です。ここで，財の価格を p_x, p_y とすると，各個人の予算制約式は次のように表されます。

$$p_x\bar{x}_i + p_y\bar{y}_i = p_x x_i + p_y y_i \tag{2.3}$$

左辺は初期保有をすべて販売したときの所得，右辺は両財への支出額の合計です。個人はこの予算制約の下で，効用を最大にするように x_i と y_i を決めます。

5.2 競争均衡

以上のような前提で，まずは各個人が自由に行動したときに何が起こるのかを考えましょう。**図表2−8**には，その様子が描かれています。なお，表記の簡単化のために $p_x\bar{x}_i + p_y\bar{y}_i = m_i$ とおきます。

図表 2-8 ▶▶▶効用最大化

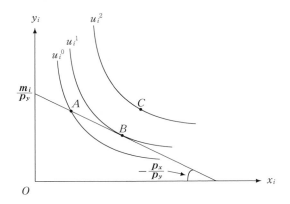

　傾きが$-p_x/p_y$で切片m_i/p_yの直線は（2.3）式，すなわち予算制約式を表しています。消費者はこの直線上か，あるいはその内部でしか消費活動を行えません。右下がりの3本の曲線は，それぞれ効用水準u_i^0，u_i^1，u_i^2に対応した無差別曲線です。無差別曲線とは，同じ効用水準を実現するX財とY財の消費の組み合わせで，右上に描かれたものほど高い効用水準に対応しています。このケースで言えば，u_i^0が最も低く，u_i^1，u_i^2と効用が上がっていきます。

　さてこのとき，どこで消費を行うべきでしょうか。結論を先に述べると，最適な消費の組み合わせはB点です。もちろん，B点よりもC点で消費するほうが望ましいのですが，残念ながらC点は予算制約から外れてしまっているので実現不可能です。逆にA点は消費可能な領域に含まれていますが，ここで消費をするとB点よりも低い効用しか得られません。A点に限らず，その他の点でもB点より高い効用を生み出す消費の組み合わせは存在しません。よって，B点はこの個人にとっての最適な消費点です。

　B点の特徴は，予算制約線と無差別曲線の接点であるということです。つまり，B点では無差別曲線の接線の傾きと予算制約線の傾きが一致しています。無差別曲線の接線の傾きは**限界代替率**と呼ばれ，MRS（Marginal Rate of Substitution）と表記されます。これを利用すると，個人1の効用最大化

行動は次のように表記されます。

$$MRS_1 = \frac{p_x}{p_y}$$

同様に，個人 2 についても次の式が成立します。

$$MRS_2 = \frac{p_x}{p_y}$$

この 2 本の式を組み合わせると，競争均衡の成立条件が求められます。

$$MRS_1 = MRS_2 = \frac{p_x}{p_y} \qquad (2.4)$$

5.3 パレート最適

人々の行動が変化したり，政府が何らかの政策を実行したりすると，経済を構成する人々の効用が変わります。例えば，友だちと 2 人でご飯を食べに行く状況を想定してください。候補はカレーかラーメンです。あなたはどちらも同じぐらい好きですが，友だちはどちらかといえばカレーのほうが好きであるとしましょう。このとき，ラーメンをやめてカレーを食べに行けば，あなたの効用を変えずに友達の効用を上げることができます。

このように，社会を構成する人々の効用を誰 1 人下げることなく，少なくとも 1 人以上の効用を上げることを**パレート改善**と言います。そして，パレート改善を繰り返していくと，いつか「もうこれ以上パレート改善できない」という状態にたどり着きます。そのような状態を**パレート最適**と言います。経済学では，このパレート最適という基準で，ある状態と別の状態のどちらが望ましいのかという比較をします。

5.4 厚生経済学の第一命題

図表 2－9 を用いて，パレート最適の意味を確認しましょう。図には，個人 1 と個人 2 の無差別曲線が描かれています。ただし，個人 2 に関しては図

図表2-9 ▶▶▶ エッジワースのボックス図

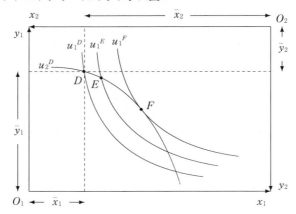

をひっくり返して，原点を右上にとっています。このような図を，その提唱者（F. Y. Edgeworth）の名前からエッジワースのボックス図と言います。

　本章の **5.1** で説明した通り，それぞれの財を個人1は $(\bar{x}_1, \bar{y}_1)$，個人2は $(\bar{x}_2, \bar{y}_2)$ だけ初期保有しています。**図表2-9** では，その組み合わせを D 点で表しています。仮にこの点で両者が消費をすると，それぞれ u_1^D と u_2^D の効用を得ます。

　ここで，個人1の Y 財と個人2の X 財を交換し，消費点が E 点に移ったとしましょう。このとき，個人2の効用水準は変わりませんが，個人1の効用が上がります。つまり，このような交換はパレート改善です。E 点からさらに消費点を右下に移動させると，また個人1の効用が上がります。これを繰り返しながら F 点にたどり着くと，この段階で，個人2の効用を下げることなく個人1の効用を上げることはできなくなります。つまり，F 点ではパレート最適が実現しています。

　F 点をよく見てください。ここでは，個人1の無差別曲線と個人2の無差別曲線が接しています。つまり，F 点では両者の限界代替率が一致しています。このように考えると，パレート最適点では次の式が成立していることがわかります。

$$MRS_1 = MRS_2 \tag{2.5}$$

よく見ると，これは（2.4）式と同じです。つまり，各個人が自己の効用を高めるために自由に行動した結果（競争均衡）と社会的に望ましい状態（パレート最適）は同じ条件式で表記されるのです。ここから，経済学における最も重要な結論が導き出されます。

厚生経済学の第一命題：競争均衡はパレート最適を実現する。

1財モデルでも確認した通り，市場における各主体の自由な行動こそが社会的に最適な資源配分をもたらします。そうであるならば，市場に対する政府の関与は不要ですし，場合によっては有害にすらなり得ます。政府の役割を考える際，ついつい私たちは「何をしなければならないか」を考えるのですが，まずは「何もしないこと」が政府の最も重要な役割なのです。

なお，ここでは生産部門を捨象した分析を行いましたが，モデルに生産者を導入しても厚生経済学の第一命題は成立します。詳しくは第3章で説明しますので，そちらも参考にしてください。

Working　　　　　　　　　　　　　　　　　調べてみよう

1. 厚生経済学の第一命題が成立するためには，いくつかの前提条件が必要である。その条件の内容を調べてみよう。
2. 32ページの10行目に「最も大きい場合でも」とある。消費者余剰が□*AJHG*となるためには本文に明示されていない条件が必要となるが，それは何だろうか。また，その条件がそろっていないときの消費者余剰の大きさはどのように表されるだろうか。考えてみよう。

Discussion　　　　　　　　　　　　　　　　議論しよう

本章の内容に従えば，政府は価格や賃金に対して規制をかけるべきではないという結論になる。しかし現実的には，賃金や家賃，あるいは必需品（食料，薬，エネルギー）の価格などに規制を求める声も多い。これからの日本では，価格に関して政府の関与を強めるようにすべきか，それとも弱めるようにすべきか，議

論してみよう。

1. ある経済において競争均衡における価格と量がそれぞれ（p^*, x^*）と表されているとする。ここで政府が次のような政策を実施すると，競争均衡に比べて社会的余剰はどのように変化するか。それぞれ図を用いて説明せよ。

   (1) $p > p^*$ となるような価格規制

   (2) $x < x^*$ となるような供給規制

   (3) 生産者に対する補助金交付

2. 需要関数が $p = 160 - 2x$，供給関数が $p = x + 10$ とそれぞれ表されているとする。以下の問いに答えよ。

   (1) 需要関数，供給関数をそれぞれ図に表し，競争均衡を求めよ。

   (2) 均衡時における消費者余剰，生産者余剰，社会的余剰を求めよ。

   (3) この財に対して，$x = 30$ の水準で供給制限が課されたとする。このときの消費者余剰，生産者余剰，死荷重，社会的余剰を求めよ。

   (4) 政府がこの財を $p = 70$ で生産者から買い上げ，消費者に $p = 40$ で販売したとする。また，その赤字の負担は税金で埋めるとしているとする。このときの消費者余剰，生産者余剰，必要な税金，死荷重，社会的余剰をそれぞれ求めよ。

▶▶▶▶さらに学びたい人のために ────────────

● 八田達夫［2008］『ミクロ経済学 I』東洋経済新報社。

● 神取道宏［2014］『ミクロ経済学の力』日本評論社。

● 小川光・家森信善［2016］『ミクロ経済学の基礎（ベーシック＋）』中央経済社。

● 安藤至大［2021］『ミクロ経済学の第一歩』有斐閣。

────────────────────────────

参考文献

● M. フリードマン著　村井章子訳［2008］『資本主義と自由』日経 BP 社。

● 大垣昌夫・田中沙織［2014］『行動経済学──伝統経済学との統合による新しい経済学を目指して』有斐閣。

● P. クルーグマン・R. ウェルス著　大山道広訳［2009］『クルーグマン　マクロ経済学』東洋経済新報社。

市場のメカニズム II

数学表現

▶消費者や生産者の行動を，数式を使って表現することができるか。
▶市場が効率的であることを，数式を使って証明することができるか。

**競争均衡　パレート最適　ラグランジュの未定乗数法
厚生経済学の第一命題**

1 / 語学と数学，どちらが大事？

　グローバル化が進み，人やモノが国境を越えて移動する時代になりました。かつては英語を話せることが学歴の高さの証明とされていたこともありましたが，これからは「複数の言語を操れて当然」と言われるようになるかもしれません。新しい世界を知るために，ビジネスチャンスを拡大するために，あるいは自分自身の可能性を追求するために，他言語の習得が不可欠な時代になっています。

　一方，「これからの教育は理数系だ」という主張もあります。日本の科学技術の競争力を上げるためには，数学の基礎教育が不可欠です。経済学者でグーグルのチーフエコノミストでもあるヴァリアン（H. Varian）は「今後10年間で最もセクシーな職業は統計学者である」と言って話題を呼びました（The New York Times, August 5, 2009）。西村他［2011］は，物理や数学が得意かどうかで，平均的な年収に100万円以上の違いが出るという主張をしています。

　さて，考えてみてください。これからの時代，語学と数学のどちらを重視

すべきでしょうか。皆さんに将来子供が生まれたとき，子供に語学と数学のどちらの教育を与えたいと思うでしょうか。

　実はこれと同じ議論が今から100年以上も前にアメリカの名門イェール大学で行われました（Samuelson［1952］）。大学教育のあるべき姿として語学と数学のどちらを重視すべきかという議題が，ある会議で取り上げられたのです。大学教授はこういう議論が大好きですから，「それは語学だろう」「いやいや数学だよ」と持論を展開し始めました。各々，信念があるだけに議論が熱くなります。そんなやりとりがしばらく続いた後，それまで静かに耳を傾けていた1人の教授が立ち上がってこう言いました。

"Mathematics ia a language."（数学は言語なり）

　発言の主は，数学者で物理学者のギブズ（W. Gibbs）です。数学も言語の一種なのだから，言語か数学かという二者択一に意味はないということでしょう。彼は穏やかな人で，普段はこういう場ではほとんど発言をしなかったそうですが，それだけにこの発言には重みがあります。この後，部屋は静まり，誰も言葉を発することができなかったと言われています。

　ところで，数学は本当に言語なのでしょうか。数学なんて堅苦しくて，小難しくて，意味不明な呪文のようなものだと思ってしまうと，「数学は言語である」という発言の趣旨が理解できないかもしれません。でも，「言語」を「私たちの思考や感情を他人に伝えるためのツール」と定義すれば，数学は確かに言語です。数学で感情を伝えることは難しいかもしれませんが，思考や状況を伝えることは可能です。それどころか，場合によっては自然言語よりもはるかに簡潔に，そして正確に伝えることもできます。

　例えば，次の文章を読んでみてください。

　財布の中に500円が入っている。目の前には100円の商品と50円の商品が並んでおり，それらをいくつかずつ買って帰りたい。ただし，借金をするわけにはいかないので，支払金額が所持金を上回らないようにしな

くてはいけない。

　これは経済学ではお馴染みの予算制約条件ですが，4行にわたって記述された内容も数式を使えば

$$500 \geqq 100x + 50y$$

と非常にシンプルに表現されます。

　英語を話せるようになると，海外でコミュニケーションをとるのが容易になるように，数学を使えるようになると，学問や技術の世界での意思疎通が容易になります。もちろん，何の苦労もなくすらすらと数学が身につくということはありませんが，苦労して会得するだけの価値があることは保証します。

　本章では，第2章で言葉を使って説明してきた内容を，数式を使って理解してもらいます。数学を使った意思疎通の楽しさや，数式による論理展開の美しさを感じながら読み進めてみてください。

Column	昔の経済学者は数学が嫌いだった？

　今でこそ経済学と数学は切っても切り離せない関係になりましたが，経済学が生まれた当初は，むしろ数学の利用に批判的な人たちが主流だったようです。フランスの土木エンジニアであるデュピュイ（A. J. E. J. Dupuit）の著書を読むと，そのような当時の雰囲気がわかります。

　　いつの時代でも経済学者が数学の使用に対して，異端排斥に近い態度を示していることを，私は十分承知している。だが，そうだからこそ（中略）私は，経済学と数学を結びつけることから得られる利益を少しでも理解してもらえるように努めたつもりである（デュピュイ［2001］）。

　デュピュイやクールノー（A. A. Cournot）によって始められた「経済学の数学利用」は，後にジェヴォンズ（W. S. Jevons），ワルラス（M. E. L. Walras）などによって本格化しました。現在，経済学が科学の一分野として認められ，「社会科学の女王」と呼ばれるようになった背景には，これらの偉大な先人たちによる試行錯誤の歴史があります。

経済には2人の消費者が存在し，それぞれ x_i（$i = 1, 2$）の量を消費しているとします。その消費に対して，各個人は $B_i = B_i(x_i)$ の評価をしているとします。企業は，p の価格で消費者に財を供給します。その供給量を x，費用関数を $C(x)$ で表します。均衡では需要と供給が一致するので，$x = x_1 + x_2$ が成立します。

2.1 消費者の行動

まず，意思決定を各個人に委ねる自由経済を考えます。個人1の場合，総評価から支払額を引いた

$$CS_1 = B_1(x_1) - px_1$$

を最大にするように x_1 を決定します。この問題を解くために，上の式を微分すると，

$$\frac{dCS_1}{dx_1} = \frac{dB_1}{dx_1} - p = 0 \tag{3.1}$$

を得ます。なお，微分によって最大化・最小化を判断するためには，本当は二階の条件を考慮しなくてはいけませんが，ここでは，暗黙のうちにその条件が成立していると仮定します。

評価関数を微分したもの，すなわち dB_1/dx_1 は限界評価関数（MB_1）を表しています。よって，（3.1）式は次のように書き換えられます。

$$MB_1(x_1) = p \tag{3.2}$$

同様の計算を個人2についても行うと

$$MB_2(x_2) = p \tag{3.3}$$

となります。これらは各個人の需要関数を表しています。

2.2 供給者の行動

次は企業の行動について考えます。企業の目的は利潤，すなわち

$$\pi(x) = px - C(x) \tag{3.4}$$

を最大化することです。そのために（3.4）式を微分すると次式が現れます。

$$\frac{d\pi}{dx} = p - \frac{dC(x)}{dx} = 0 \tag{3.5}$$

ここで，$dC(x)/dx$ は限界費用を表しています。（3.5）式を変形すると

$$p = MC(x) \tag{3.6}$$

となり，これが生産者の利潤最大化条件です。企業はこの式に従って供給量を決めるわけですから，（3.6）式は企業の供給曲線を表します。

最後に市場での均衡を見ます。これまでに導出された（3.2）（3.3）（3.6）の3本の方程式は，それぞれの主体に自由に行動させると，どのような条件が成立するかを表したものです。この3本の式をまとめると

$$MB_1(x_1) = MB_2(x_2) = MC(x) = p \tag{3.7}$$

が導出されます。ここから，競争均衡においては，すべての消費者の限界評価と生産者の限界費用が（結果的に）一致するということがわかります。

2.3 社会的余剰最大化の条件

ここでは，社会的余剰を最大化するための条件を求めます。まず，この経済での社会的余剰は次のように表されます。

$$SS = CS_1 + CS_2 + PS$$
$$= [B_1(x_1) - px_1] + [B_2(x_2) - px_2] + [px - C(x)]$$
$$= B_1(x_1) + B_2(x_2) - C(x)$$

社会的余剰の最大化を行うために，上の式を，合成関数の微分の公式を利用しながら x_1, x_2 で偏微分すると

$$\frac{\partial SS}{\partial x_1} = \frac{dB_1}{dx_1} - \frac{dC(x)}{dx} \cdot \frac{\partial x}{\partial x_1} = 0$$

$$\frac{\partial SS}{\partial x_2} = \frac{dB_2}{dx_2} - \frac{dC(x)}{dx} \cdot \frac{\partial x}{\partial x_2} = 0$$

を得ます。$x_1 + x_2 = x$ から $\partial x / \partial x_i = 1$ $(i=1, 2)$ なので，上の2式から，社会的余剰の最大化条件が次のように表されます。

$$\frac{dB_1}{dx_1} = \frac{dB_2}{dx_2} = \frac{dC(x)}{dx}$$

dB_i/dx_i, $dC(x)/dx$ をそれぞれ MB_i, $MC(x)$ と書き直すと，上の式は

$$MB_1(x_1) = MB_2(x_2) = MC(x) \tag{3.8}$$

となります。(3.8) 式はこの経済における最適条件ですが，これは (3.7) 式と全く同じです。つまり，各主体に自由に行動させた場合に導出される条件と，社会的余剰を最大にするために必要な条件は，（それぞれの主体は意識していなくても）結果的に全く同じものとなるのです。

3 / 市場のメカニズム2
一般均衡分析

次に，財の数が複数のケースを考えます。難易度はかなり高くなりますので，この先は数式の細かい説明を省略して，証明に至る流れをざっと追っていくことにします。数式展開にはラグランジュの未定乗数法を使います。もしその点に自信がなければ経済数学の教科書を参照してください。

基本的な設定は，第2章の**5.1**と同じです。すなわち，2人の個人が存在し，それぞれ2種類の財（X 財，Y 財）を消費することによって効用 $u_i(x_i, y_i)$ を得ます（$i = 1, 2$）。

ただし，ここでは生産部門も考慮します。それぞれの財は労働のみから生産され，その生産関数は $x = x(l_x)$，$y = y(l_y)$ であるとしましょう。l_x，l_y は両産業に投入される労働力であり，経済全体で供給される労働力の総量は $l_x + l_y = \bar{l}$ で固定されているとします。各個人の所得を m_i，財の価格を p_j，j 産業で働く労働者の賃金を w_j で表します（$j = x, y$）。

3.1 競争均衡

3.1.1 消費者の行動

個人1は予算制約のもとでその効用を最大にするように X 財と Y 財の消費量を決定します。つまり，その最適化行動は次のように表されます。

$$\max_{x_i, y_i} \quad u_1(x_1, y_1)$$

$$\text{s.t.} \quad m_1 = p_x x_1 + p_y y_1$$

ここで，ラグランジュ関数を $L_1 = u_1(x_1, y_1) + \lambda_1(m_1 - p_x x_1 - p_y y_1)$ とおいて，L_1 を x_1, y_1 でそれぞれ偏微分すると，一階の条件が次のように得られます。

$$\frac{\partial L_1}{\partial x_1} = \frac{\partial u_1}{\partial x_1} - \lambda_1 p_x = 0$$

$$\frac{\partial L_1}{\partial y_1} = \frac{\partial u_1}{\partial y_1} - \lambda_1 p_y = 0$$

これらを整理して次式を得ます。

$$\frac{\partial u_1 / \partial x_1}{\partial u_1 / \partial y_1} = \frac{p_x}{p_y} \tag{3.9}$$

（3.9）式の左辺は x 財と y 財の限界効用の比で，限界代替率（MRS）を表しています。（3.9）式が意味するのは，消費者がその限界代替率と価格比を一致させるように x 財と y 財の消費量を決定するということです。同様の計算を個人 2 についても行うと，

$$\frac{\partial u_2 / \partial x_2}{\partial u_2 / \partial y_2} = \frac{p_x}{p_y} \tag{3.10}$$

が得られます。

3.1.2 企業の行動

企業は利潤を最大にするように生産量を決定します。ただし，その生産量は雇用された労働量によって決まるので，企業が最終的に決めるのは何人の労働者を雇うかということになります。まず X 産業についてこの問題を考えると，その最適化行動は

$$\max_{l_x} \quad \pi_x = p_x x - w_x l_x$$

$$\text{s.t.} \quad x = x(l_x)$$

と表され，ここから一階の条件が

$$p_x \frac{dx}{dl_x} = w_x \tag{3.11}$$

となります。この式は，労働の限界生産価値が賃金に等しくなるように雇用量が決まるということを意味しています（これを古典派の第一公準と呼びます）。同様に，Y 産業においては

$$p_y \frac{dy}{dl_y} = w_y \tag{3.12}$$

が成立します。

3.1.3 労働市場

この経済では，賃金水準が伸縮的に動くとしましょう。すなわち，労働の超過供給（失業）が発生すれば賃金が下がり，労働の超過需要（人手不足）

が発生すれば賃金が上がるとします。このような賃金の変動は，労働の過不足を解消し，結果的に失業も人手不足も発生しない状態を作り出します（**図表2-1**）。

　また，労働者は自由に産業間・企業間を移動できるものとします。このとき，労働者は賃金の低い産業から高い産業へと移動しようとします。すると，賃金の低い産業では労働の超過需要が発生し，賃金に上昇圧力がかかります。逆に，賃金の高い産業では労働の超過供給が発生し，賃金が下がります。このような調整の結果，最終的には両産業での賃金が一致します。

　実際には，賃金はそれほど伸縮的ではないですし，労働者はそんなに簡単に移動できませんが，こうすると分析が楽になるので，とりあえずこのように仮定しておきます。

　両産業の賃金一致条件 $w_x = w_y$ に（3.11）式と（3.12）式を当てはめると

$$p_x \frac{dx}{dl_x} = p_y \frac{dy}{dl_y}$$

という関係を得ます。そして，$\bar{l} = l_x + l_y$ より，$dl_y = -dl_x$ です。これを代入すると

$$p_x \frac{dx}{dl_x} = -p_y \frac{dy}{dl_x}$$

となり，ここから最終的に

$$-\frac{dy}{dx} = \frac{p_x}{p_y} \tag{3.13}$$

という条件を得ます。この式の左辺は，この経済で x 財の生産を1単位増やすと y 財の生産をどれだけあきらめなければならないかを表しており，**限界変形率**（Marginal Rate of Transformation：MRT）と呼ばれます。（3.13）式は，企業が利潤を最大にするように行動すると，均衡では限界変形率と価格比が等しくなることを意味します。

3.1.4 一般均衡

これで，消費者側と生産者側の行動がともに確認できました。消費者の行動は (3.9) 式と (3.10) 式であり，生産者の行動はいろいろ変形した結果 (3.13) 式に集約されます。このすべてに価格比が入っていますので，それを利用して 3 本の式を結びつけると次のような形になります。

$$\frac{\partial u_1/\partial x}{\partial u_1/\partial y} = \frac{\partial u_2/\partial x}{\partial u_2/\partial y} = -\frac{dy}{dx} = \frac{p_x}{p_y} \tag{3.14}$$

これを書き直すと

$$MRS_1 = MRS_2 = MRT$$

となります。これらの式は，競争均衡において，各個人の限界代替率が限界変形率に等しくなることを意味しています。

3.2 パレート最適

次に，パレート最適が実現するケースでどんな条件が成り立つかを確認します。そのためには，生産可能性曲線を理解しなければならないので，まずはそこから始めます。

図表 3－1 ▶▶▶生産可能性曲線

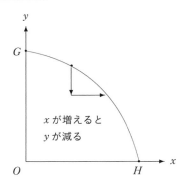

労働力が完全雇用されている状態で，X 財の生産を増やすためには，必ず Y 財の生産を減らさなくてはいけません。つまり，x と y には負の相関があります。その関係が $y = f(x)$ $(f' < 0)$ と表されるとしましょう[1]。そして，この関数を描くと**図表3－1**のようになるとします。この曲線を生産可能性曲線と言います。

図の G 点と H 点はそれぞれ，労働者がすべて Y 産業，X 産業に振り分けられたケースを表しています。また，生産可能性曲線の接線の傾きは，x 財の生産を少しだけ増やすと y 財の生産がどれだけ減るかを表します。つまり，これは限界変形率（MRT）を意味します。

さて，この生産可能性曲線を利用してパレート最適を導出しましょう。第2章の**5.3**で見たように，個人2の効用水準を一定にとどめながら個人1の効用を最大にすれば，パレート最適のための条件が求められます。ここでは生産部門も考慮しているので，それらもふまえて定式化します。

$$\max_{x_1, y_1, x_2, y_2} \quad u_1(x_1, y_1)$$

$$\text{s.t.} \quad \overline{u}_2 = u_2(x_2, y_2)$$

$$y = f(x)$$

$$x_1 + x_2 = x$$

$$y_1 + y_2 = y$$

ラグランジュ関数を

$$L_2 = u_1(x_1, y_1) + \lambda_2[\overline{u}_2 - u_2(x_2, y_2)] + \lambda_3[y - f(x)]$$

とおき，x_i，y_i でそれぞれ偏微分すると（$i = 1, 2$），一階の条件が次のように得られます。

$$\frac{\partial L_2}{\partial x_1} = \frac{\partial u_1}{\partial x_1} - \lambda_3 \frac{df}{dx} \frac{\partial x}{\partial x_1} = 0$$

$$\frac{\partial L_2}{\partial y_1} = \frac{\partial u_1}{\partial y_1} + \lambda_3 \frac{\partial y}{\partial y_1} = 0$$

$$\frac{\partial L_2}{\partial x_2} = -\lambda_2 \frac{\partial u_2}{\partial x_2} - \lambda_3 \frac{df}{dx} \frac{\partial x}{\partial x_2} = 0$$

$$\frac{\partial L_2}{\partial y_2} = -\lambda_2 \frac{\partial u_2}{\partial y_2} - \lambda_3 \frac{\partial y}{\partial y_2} = 0$$

$\partial x / \partial x_i = 1$, $\partial y / \partial y_i = 1$, $df(x) / dx = dy / dx$ を用いて上の4本を整理すると，最終的に次のようにまとめられます。

$$-\frac{\partial u_1 / \partial x_1}{\partial u_1 / \partial y_1} = \frac{\partial u_2 / \partial x_2}{\partial u_2 / \partial y_2} = -\frac{dy}{dx} \tag{3.15}$$

これが，この経済におけるパレート最適のための条件です。

（3.14）式と（3.15）式を見比べればわかるように，各個人が自由に行動するケースの資源配分は，結果的にパレート最適の資源配分と一致します。つまり，これで前章の「厚生経済学の第一命題」が証明されたのです。

Working　　　　　　　　　　　　　　　　　　　　　　　　　　調べてみよう

　ラグランジュの未定乗数法の解き方を調べてみよう。余裕があれば，なぜこの方法で制約付き最大化問題が解けるのか，そして，ラグランジュ乗数（λ_i など）が何を意味しているのかなどについても調べてみよう。

Discussion　　　　　　　　　　　　　　　　　　　　　　　　　議論しよう

　本章で証明したように，市場は非常に優れた資源配分機構である。しかしながら，市場メカニズムに対して少なからず嫌悪感を抱く人も存在する。市場メカニズムという言葉がネガティブな印象を持たれる原因はどのようなところにあるか。議論してみよう。

Training　　　　　　　　　　　　　　　　　　　　　　　　　解いてみよう

1. 完全競争市場において，ある財を生産する企業の総費用関数が $C(x)=x^3 - 3x^2 - 2x$ で表されているとする。財の価格が 7 で与えられているとき，この企業の最適生産量はいくつか？

2. 個人 1 と個人 2 が存在し，ある財の消費に対してそれぞれ $B_1=100x_1 - \frac{1}{2}x_1^2$，$B_2=120x_2 - \frac{1}{2}x_2^2$ の評価をしているとしよう。一方，この財の生産に対する市場全体の費用関数は $C(x)=\frac{1}{2}x^2$ と表される。ただし，$x_i(i=1, 2)$ は各個人の消費量（$i=1, 2$），x は市場全体の財の生産量である。この財の価格を p で表すとして，以下の問いに答えよ。

   (1) 個人 1 の最適化行動を定式化し，その需要関数を求めよ。

   (2) 個人 2 の最適化行動を定式化し，その需要関数を求めよ。

   (3) 市場全体の供給関数を求めよ。

   (4) 競争均衡における x_1, x_2, x, p の値をそれぞれ求めよ。

3. ある個人が 2 つの財（X 財と Y 財）を消費し，その結果 $u=(x-1)^{\frac{2}{5}}y^{\frac{3}{5}}$ という効用を得るものとしよう。この個人の所得が 54，財価格がそれぞれ $p_x=4$，$p_y=3$ であるとき，この個人にとっての最適な消費量はそれぞれいくつか。

▶ ▶ ▶ **さらに学びたい人のために**

- A.C. チャン・K. ウェインライト著，小田正雄他訳［2010］『現代経済学の数学基礎（上・下）』シーエーピー出版。
- 西森晃［2012］『これから経済学をまなぶ人のための数学基礎レッスン』日本経済評論社。
- 林貴志［2013］『ミクロ経済学（増補版)』ミネルヴァ書房。
- 神取道宏［2014］『ミクロ経済学の力』日本評論社。
- 武隈慎一［2017］『演習ミクロ経済学（演習新経済学ライブラリ）第2版』新世社。

【注】

1 生産可能性曲線を表す関数は，次のように導出されます。まず，X 財の生産関数 $x = x(l_x)$ の逆関数を $l_x = l_x(x)$ で表し，これを労働市場の均衡条件 $l_x + l_y = \overline{l}$ に代入します。

$$l_y = \overline{l} - l_x(x)$$

これを Y 産業の生産関数 $y = y(l_y)$ に代入すると，

$$y = y(\overline{l} - l_x(x))$$

となります。ここで，$y(\overline{l} - l_x(x)) = f(x)$ とおけば生産可能性関数が得られます。

参考文献

- 西村和雄・平田純一・八木匡・浦坂純子［2011］「高等学校における理科学習が就業に及ぼす影響―大卒就業者の所得データが示す証左」RIETI Discussion Paper Series 12-J001。
- P. A. Samuelson［1952］"Economic Theory and Mathematics–An Appraisal," *American Economic Review* vol. 42, 56-66.
- J. デュピュイ著　栗田啓子訳［2001］『公共事業と経済学（近代経済学古典選集第2期)』日本経済評論社。

▶一般道路，警察サービス，公園，街灯など，公共財と呼ばれる財やサービスに共通した特徴は何だろうか。
▶上で挙げた財やサービスの供給に政府が関与している理由は何か。
▶社会的に望ましい公共財供給を行うために，政府が考えなければならないことは何か。

公共財　非排除性　非競合性　サミュエルソン・ルール

1 / 講義中に質問できますか？

　授業中に「あれ？」と思うことがあったとしましょう。講師がちょっと言い間違えたとか，前後のつながりがうまく理解できなかったとかそんな状況です。自分が間違っているのか，それとも講師が勘違いしているのか……。周りを見ると，どうも疑問に思ったのは自分だけではないようです。どうしようかなと思っているうちに講義はどんどん進んでしまい，結局タイミングを逃して確認できませんでした。こんな経験はありませんか。話すほうの立場からすると疑問に思ったらすぐに言ってくれれば良いのにと思うのですが，なかなかそうはいかないのでしょう。と言うのは，「講義中の質問」には**公共財**という性質があるからです。

　公共財とは，**非排除性**と**非競合性**という2つの性質を併せ持つ財のことです。非排除性というのは，対価を払わなくてもその便益から排除されないという意味で，要するにお金を払わずにその財を消費・利用できることを意味

します。非競合性というのは自分の消費が他人の消費と競合しないことで，自分がその財を消費するのと同時に他人も消費できることを意味します。具体的には国防，法律，公衆衛生などが公共財の代表例です。あるいはもう少し身近なものとして，一般道路，堤防，街の治安などが挙げられることもあります。練習問題として，これらが非排除性と非競合性をともに有していることを確認してみてください。

　公共財の対義語は私的財です。これは消費をするのに必ず対価を必要とし（排除可能），ある人が消費をしてしまうとその財を他人が消費することはできない（競合的）というものです。例えば私たちがパンを食べるにはパン屋さんでお金を払う必要がありますし，ある人がパンを食べてしまったらそのパンを他の誰かが食べることはできません。明示的には書きませんでしたが，第2章と第3章の議論はすべて私的財を前提としていました。

　私的財の場合，それぞれが思い思いの行動をとることで結果的に社会全体として最も望ましい状況が実現するということでした。でも残念ながら公共財の場合にはこの法則が当てはまりません。自分が対価を払うかどうかにかかわらず便益を受けられるのならば，誰も積極的にその財の対価を支払おうとしなくなるからです。このような行動を**ただ乗り**（free ride）と言います。

　消費者がただ乗り行動に出ると，生産者は対価を受け取ることができません。せっかく費用をかけて供給しても，それに見合う売上がなければ市場から撤退せざるを得なくなります。こうして，各自の自由意思に任せると，公共財の供給は最適な取引量に比べて過小になるか，場合によってはゼロになってしまいます。つまり，市場は公共財の最適供給を実現する場としてはうまく機能しないのです（市場の失敗）。

　講義中の質問にも同じ理屈が当てはまります。皆さんのうちの誰かが質問をし，その結果，講師が自分の言い間違いに気づいて訂正をしたとしましょう。このとき，教室にいる他の受講生にとってみれば，対価を払わなくても（自分から行動しなくても）情報は得られるし，自分が情報を得たからといって隣の人が情報を得ることの妨げになるわけではありません。そういう意味で，「講義中の質問」は公共財なのです。質問をしようかどうかと悩んで

いるとき，きっと皆さんの心の中にこんな考えが生まれるのでしょう。質問
したいけど，講義を中断してはいけない気がするし，もし間違ってたら恥ず
かしい。誰かが質問してくれればそれで良いのだから，わざわざ自分が手を
挙げなくても……。講義中にみんなが顔を見合わせながら，結局誰も質問し
ないというのはこんな理由が裏にあるのかもしれません。

2 純粋公共財と準公共財

　前節では公共財と私的財を対義語として位置づけましたが，現実的には，
これは公共財，これは私的財とキチッと区別をつけられるわけではありませ
ん。例えば高速道路を考えてみましょう。ある個人が高速道路を利用しても，
他の人が利用できなくなるわけではありません。つまり高速道路には非競合
性があります。一方，高速道路を利用するためには必ず料金を払う必要があ
りますから，非排除的ではありません。このように排除可能だけれど非競合
的な財をクラブ財と呼びます（**図表 4 − 1**）。

　近所の公園はその逆で，対価を払わなくても利用できますが，誰かが野球
をしたりサッカーをしたりしてると，同じ場所を他の誰かが利用できなくな
ります。このように非排除的だけれど競合性があるような財はコモンズと呼
ばれます。クラブ財やコモンズのように非排除性と非競合性という 2 つの性
質のどちらか一方だけを有する財や，どちらの性質も少しずつ有する財も世
の中にはあります。そこで，厳密な議論をする際には，2 つの性質を完全に
有している財を**純粋公共財**，2 つの性質を部分的に満たしている財を**準公共
財**と区別します。

図表 4 − 1 ▶ ▶ ▶公共財の種類

	排除不可能	排除可能
非競合的	純粋公共財	クラブ財
競合的	コモンズ	私的財

3 公共財の最適供給

3.1 誰が公共財を供給するのか

　公共財は個人の自由意思や市場のメカニズムに任せておいても適切に供給されません。でも警察サービスや一般道路，堤防などが供給されない状態を放置するわけにもいきません。そう，ここでようやく政府の出番となります。よく政府が供給するから公共財なのだと理解している人がいますが，これは論理が逆です。公共財という特徴を持った財が世の中には存在し，それは市場に任せてもうまくいかないので政府が供給せざるを得ないのです。この流れはきちんと理解しておいてください。

　ただし，公共財であればすべて政府が供給しなくてはならないかというと必ずしもそうではありません。例えば地上波のテレビ放送は，非排除性も非競合性も非常に強いという特徴を持っていますが，NHK を除けば，民間企業によって供給されています。また，道路掃除を自発的に行ったり，公共施設への寄付をしたりする人もいます。これらは個人や法人による公共財の自発的供給と解釈できます（公共財の自発的供給については本章の **6** で議論します）。

　一方，私的財的な性質の強い財やサービスが公共部門によって供給されることもあります。保育サービスや医療サービスがその典型的な例です。

3.2 私的財と公共財の違い

　上で見たように，いくつかの例外はあるものの，公共財の供給には政府の関与が必要です。その際に問題となるのはいったいどのぐらいの量を供給すれば良いのかということです。私的財の場合は，市場に委ねておけば自然に最適な供給量が実現します。誰かが市場全体を把握するとか，実現した取引量をコントロールするとかそういう人為的な操作を一切しなくても良いとい

うのが市場のありがたいところです。でも公共財の場合は，どこからどこまで道路を造るべきかとか，街灯は何メートル間隔で必要かとか，そういう決定を誰かがしなくてはいけません。もちろん，政治家や官僚が自分たちの都合の良いように決めてはいけませんから，何らかのルールが必要になります。さて，どんなルールなら良いのでしょう。

この問いに答えるために，公共財の社会的限界評価曲線というものを導出

Column　本当にみんながただ乗りしてしまうのか？

人々のただ乗り行動を確かめるために，マーウェル（G. Marwell）とエイムス（R. Ames）という2人の経済学者がある実験を行いました（Marwell & Ames［1981］）。

この実験では，互いに面識のない80人が集められ，それぞれに何枚かのチケットが配られました。そのチケットは自分だけが便益を得る「個人的な消費」と，参加者全員が便益を得る「全体への投資」のどちらかに利用可能です。ただし，「全体への投資」が効力を発揮するためには多くの人の協力が必要です。少人数しか投資をしなければ，その投資は無駄になってしまいます。

自分1人が「全体への投資」をしたところで，状況を改善できる可能性はほとんどありません。よって，このような設定の下では，すべてのチケットが「個人的な消費」に使用されるというのが標準的な経済学の予想です。ところが，実験の結果，42%のチケットが「全体への投資」に利用されました。これはちょっとびっくりするぐらい高い数字です。著者たちも論文の中で素直に驚きを表明していました。

この実験がきっかけとなって，その後もいろいろな研究者が同様の実験に取り組みましたが，どの実験でも厳密な意味でのただ乗り現象は認められていません。どうやら，私たちは経済学の想定ほどには利己的に動かないようです。第2章の2でも触れたように，この理論と現実のズレをどう埋めていくかが，今後の経済学の課題になるでしょう。

ところで，マーウェルとエイムスの実験では，もう1つ面白い結果が出ています。前述のように，ほとんどの人はただ乗りをせずに「全体的な投資」にある程度積極的に関わろうとしていたのですが，一部，極めて高い比率でただ乗りをしている人たちがいました。誰だと思いますか？　実は，経済学を専攻している大学院生でした（マーウェルとエイムスの論文のタイトルに注目！）。

経済学を学んでいると自然とそうなってしまうのか，あるいはそういう傾向にある人が経済学に興味を持ちやすいのか…。このような疑問の下，この問題に対しても後にさまざまな検証がなされました。話が逸れてしまうのでここではこれ以上の深入りをしませんが，この論争に関して興味があれば，川越［2007］に詳しい解説があります。

図表 4-2 ▶▶▶ 公共財のケース

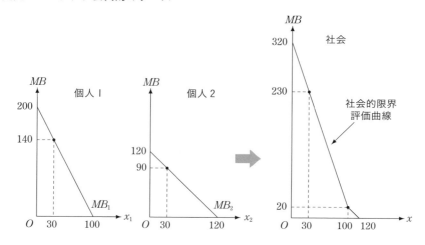

します。いま，ある財を消費・利用する2人の個人がいるとします。財の消費によって生まれる限界評価を MB_i として（$i = 1, 2$），それぞれの限界評価関数は $MB_1 = 200 - 2x_1$，$MB_2 = 120 - x_2$ と表されているとしましょう。

これらを描くと，**図表4-2**のようになります。第2章で説明したとおり，限界評価額が消費量の増加とともに減少していることを確認してください。

公共財には非競合性という性質があります。よって，ある個人がその公共財を消費すると，同時に別の個人も同じ量の公共財を消費可能になります。つまり，供給された公共財の量を x で表せば，常に $x_1 = x_2 = x$ という関係が成立します。

仮に政府が $x = 30$ の公共財を供給したとすると，個人1も個人2も同時にその30の量の公共財を利用できます。そのときの限界評価は，個人1は140，個人2は90です。つまり，30単位の公共財供給は社会全体で230の限界評価を生み出すことになります。そして，この計算をいろいろな量について同じように行っていくと，**図表4-2**の一番右に描かれたような社会的限界評価曲線が描かれます。

ところで，少し話が横道に逸れますが，より深く公共財の性質を理解するために，ここで私的財のケースも確認しておきましょう。ある私的財に対す

図表 4 - 3 ▶ ▶ ▶ 私的財のケース

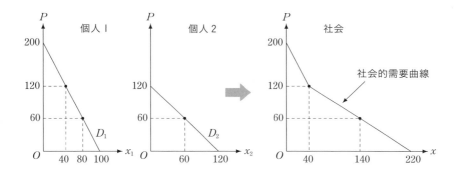

る各個人の需要関数（限界評価関数）が**図表 4 - 3**のように描かれていると
して，価格が $p=60$ と与えられたとします。このとき，個人 1 の需要量は x_1
$=80$，個人 2 の需要量は $x_2=60$ ですから，社会全体では $x=140$ の量が需要
されます。価格が $p=120$ になると $x_1=40$，$x_2=0$ ですから，社会全体の需要
量は $x=40$ です。この計算を繰り返していくと，**図表 4 - 3**の一番右にある
ような社会的需要関数が導出されます。

　この 2 つのプロセスを比較すると，公共財と私的財の特徴が明確になりま
す。公共財の場合は，すべての人が同じ「量」に直面するのに対し，私的財
の場合は，すべての人が同じ「価格」に直面します。そして，社会的な限界
評価関数を導出するには，公共財の場合は与えられた「量」に対する各自の
限界評価を足していくのに対し，私的財の場合は与えられた「価格」に対す
る需要量を足すという作業をします。

3.3　サミュエルソン・ルール

　社会的限界評価曲線の導出が終わったところで，ようやく公共財の最適供
給ルールに話を戻すことができます。上のように導出された社会的限界評価

図表 4－4 ▶▶▶ 社会的純便益

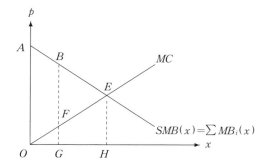

曲線を以下では SMB（Social Marginal Benefit）と表記することにしましょう。前節の議論より，各個人の限界評価の和が社会的限界評価になるということでしたから，

$$SMB(x) = \sum MB_i(x)$$

と表すことができます。この SMB と公共財生産にともなう限界費用曲線を1つの平面上に描いたのが**図表 4－4**です。これまでの議論からわかるように，社会的限界評価曲線の下の面積は社会的総評価であり，限界費用曲線の下の面積は総費用になります。

　ここで**社会的純便益**を定義します。これは公共財供給に伴って発生する総評価から総費用を引いたもので，私的財における社会的余剰に対応します。例えば，OG という公共財供給がなされたとき，社会全体で□$ABGO$ という総評価と，△OFG という総費用が生まれるので，社会的純便益は□$ABFO$ となります。

　この社会的純便益を最大にするにはどうすればよいでしょうか。この答えはそれほど難しくありません。社会的限界評価と限界費用が一致するような公共財供給が実現したとき，社会的純便益が最大になります（図を使って確かめてください）。言い換えると，以下の式が実現するように公共財の供給量（x）を決定すれば社会的に最適な公共財供給が実現します。

$$SMB(x) = \sum MB_i(x) = MC(x)$$

上の式は，その提唱者（P. Samuelson）の名前からサミュエルソン・ルールと呼ばれています。

4 公共財の最適供給ルール
部分均衡分析

ここでは，第4章で取り扱った公共財の最適供給ルール（サミュエルソン・ルール）を数式で確認しましょう。

本章の **3.2** で見たように，公共財のケースでは $x_1 = x_2 = x$ という関係が成立します。社会的純便益を $W(x)$ とすれば，これは各個人の総評価の和から費用 $C(x)$ を引いたものとして表されます。

$$W(x) = B_1(x) + B_2(x) - C(x)$$

これを最大化するために微分します。

$$\frac{dW(x)}{dx} = MB_1(x) + MB_2(x) - MC(x) = 0$$

ここから

$$\sum MB_i = MC$$

となり，サミュエルソン・ルールが導出されます。

5 公共財の最適供給ルール
一般均衡分析

公共財の最適供給ルールについて財が複数のケースも確認しておきます。基本的なセッティングは第3章の **3** と同じですが，X 財を公共財として扱うという点だけが異なります。パレート最適の条件を導出するために，個人2の効用水準を一定にしておきながら個人1の効用を最大化します。

$$\max_{x,\,y_1,\,y_2} \quad u_1(x, y_1)$$

$$\text{s.t.} \quad \overline{u}_2 = u_2(x, y_2)$$

$$y = f(x)$$

$$y_1 + y_2 = y$$

最後の2本の方程式を1本にまとめたうえで，ラグランジュ関数を$L_3 = u_1(x, y_1) + \mu_1(\overline{u}_2 - u_2(x, y_2)) + \mu_2(y_1 + y_2 - f(x))$ と定義し，これを x, y_1, y_2 のそれぞれで偏微分すると，最適化のための一階の条件が求められます。

$$\frac{\partial L_3}{\partial x} = \frac{\partial u_1}{\partial x} - \mu_1 \frac{\partial u_2}{\partial x} - \mu_2 \frac{df}{dx} = 0$$

$$\frac{\partial L_3}{\partial y_1} = \frac{\partial u_1}{\partial y_1} + \mu_2 \frac{\partial y}{\partial y_1} = 0$$

$$\frac{\partial L_3}{\partial y_2} = -\mu_1 \frac{\partial u_2}{\partial y_2} + \mu_2 \frac{\partial y}{\partial y_2} = 0$$

この3本の式から μ_1 と μ_2 を消去すれば，最終的に次の式が導出されます。

$$\frac{\partial u_1 / \partial x}{\partial u_1 / \partial y_1} + \frac{\partial u_2 / \partial x}{\partial u_2 / \partial y_2} = -\frac{dy}{dx} \tag{4.1}$$

この式の左辺は各個人の限界代替率の和であり，右辺は限界変形率になっています。つまり（4.1）式は次のように表現されます。

$$\sum MRS_i = MRT$$

これは公共財を含む経済におけるパレート最適のための条件です。第3章の**3**における私的財のケースの最適条件とは異なっていることを確認してください。

6 / 公共財の自発的供給

本章の**1**で述べたように，公共財にはただ乗り問題が存在します。そのため，公共財に価格をつけて取引するということが困難で，市場における価格

調整によって最適供給を実現することは期待できません。しかし，市場に頼らなくとも各個人が自発的に公共財を供給するということも考えられます。町内会の役員を引き受けたり，地域のお祭りに寄付をしたりすることなどがその具体例です。このような行動が社会にもたらす影響を確認してみましょう。

いま，各人の効用関数が $u_i(x, y_i)$ と表されます（$i = 1, 2$）。x は公共財，y_i は各個人が消費する私的財の量を表しています。ここで，公共財は各人の自発的な貢献によって供給されるとします。例えば，x は地域のお祭りの規模や内容の充実であり，その予算は各個人の寄付によって賄われるという状況を想定してください。

各個人が直面する最大化問題は以下のように定式化されます。

$$\max_{y_i, g_i} \quad u_i(x, y_i)$$
$$\text{s.t.} \quad m_i = g_i + p_y y_i$$
$$x = g_1 + g_2$$

ここで p_y は y 財の価格であり，g_i は各個人による寄付額を表します。これを解くと，一階の条件が

$$\frac{\partial u_i / \partial x}{\partial u_i / \partial y_i} = \frac{1}{p_y} \tag{4.2}$$

となります。

一方，この経済におけるパレート最適は以下の問題を解くことによって得られます。

$$\max_{y_i, g_i} \quad u_i(x, y_i)$$
$$\text{s.t.} \quad \overline{u}_j = u_j(x, y_j)$$
$$m_i = g_i + p_y y_i$$
$$x = g_1 + g_2$$

ここから得られる一階の条件は

$$\frac{\partial u_i / \partial x}{\partial u_i / \partial y_i} + \frac{\partial u_j / \partial x}{\partial u_j / \partial y_j} = \frac{1}{p_y} \tag{4.3}$$

となります。

（4.2）式と（4.3）式を比べれば明らかなように，各個人が自分の意志で公共財を供給するような状況ではパレート最適が実現されません。近年，町内会への参加率が下がったり，お祭りへの寄付が減って開催が危ぶまれたりという事態が所々で起こっています。上の理論は，このような事態に関する1つの説明になっています。

コラムでも紹介したように，公共財供給に関して数多くの実験が行われている。どのような実験が行われ，そこからどのような結論が得られたのかを調べてみよう。

公共財供給に関する実験の結果をふまえて，公共財は本当に市場の失敗をもたらすのか，そして公共財供給には本当に政府の介入が必要なのかを議論してみよう。

3人の個人がある財を消費している。すべての個人の選好は同一であり，財に対する限界評価は $p_i = 70 - x_i$ で表されているとする（$i = 1, 2, 3$）。限界費用関数が $p = 2x$ であるとして，以下の問いに答えよ。

(1) この財が私的財であるとして，社会的需要関数を求めよ。

(2) そのときの競争均衡を図示し，消費者余剰，生産者余剰，社会的余剰を求めよ。

(3) この財が公共財であるとして，社会的限界評価関数を求めよ。

(4) 公共財の最適供給量を計算し，その供給量の下での社会的純便益を求めよ。

▶ ▶ ▶さらに学びたい人のために ────────────────

● 奥野信宏［2008］『公共経済学（第3版）』岩波書店。

● 林正義・小川光・別所俊一郎［2010］『公共経済学』有斐閣。

● 土居丈朗［2018］『入門公共経済学 第2版』日本経済評論社。

● 佐藤主光［2018］『公共経済学15講（ライブラリ経済学15講 APPLIED 編）』
新世社。

参考文献

● Marwell G. & R. Ames［1981］"Economists free ride, does anyone else?" *Journal of Public Economics*, vol. 15, 295-310.

● 川越敏司［2007］『実験経済学』東京大学出版会。

第 5 章

最適な公共財供給の実現

Learning Points

▶道路や警察サービスなどに対する人々の限界評価を知ることは可能か。可能だとしたら，どのような手続きが必要か。

▶人々に嘘をつかせないような仕組みをつくることは可能か。可能だとしたら，どのような手続きが必要か。

▶投票は理想の社会をつくることができるだろうか。

Key Words

リンダール・メカニズム　クラーク・グローブス・メカニズム　投票

1 他人の心を読むことができますか？

昔々の話です。男が山の中に入っていくと，後ろから髭もじゃの不気味な妖怪が近づいてきました。「何だ，この化け物は！」とびっくりすると，妖怪は「お前，今，『なんだこの化け物は！』と思っただろう」と言います。

男がギョッとして「こいつ，俺の心の中が読めるのか？」と思うと，再び妖怪は「お前，今，『俺の心の中が読めるのか？』と思っただろう」と言います。どうやらこれはサトリという妖怪で，人の心を読む能力を持っているようです。その後も「早くどこかに行ってくれないかな」とか「本当にイヤなやつだな」と思うたびに心の中を言い当てられます。

そんなことを繰り返しているうちに男はいい加減うんざりしてきました。特に危害を加えるわけでもないので，無視をすることにします。サトリがしゃべり続けるなか，一切相手をせず，黙々と木を切ります。カコン，カコンとリズム良く切り続けていたそのとき，手元が狂って木をはじき飛ばしてし

まいました。そしてその木がサトリの顔にバシッと当たります。サトリは予想もつかない男の攻撃に驚き，「俺に心を読ませずに攻撃してくるとはすごい達人だ」とその場から逃げて行ったそうです。

　サトリの民話は日本のいろいろな場所にありますが，かわいそうなことに彼はどこでも嫌われています。それだけでなく，最後には必ず痛い思いをさせられます。特に何か危害を加えたわけでもないのに，こんな目に遭わせられるのは何だか理不尽な気もします。でも，やはり，人の心を読めるという能力に対して私たちは潜在的に不安感を抱くのでしょう。その不安感が物語に反映されて，サトリを懲らしめるようなストーリーになってしまうのではないかと思います。

　しかし，もしサトリが経済学の世界に入り込んできたら，彼は一躍ヒーローになる可能性を持っています。なぜなら，人間世界には「他人の心を正確に読み取ることはできない」という事実があり，それが経済学における制約の１つとなっているのですが，サトリがいればその制約に縛られずにすむからです。

　前章で，政府がサミュエルソン・ルールに従えば，最適な公共財供給が行われるという結論を得ました。これは大変に美しい理論なのですが，１つ問題があります。それは，この理論を実行するためには，政府が国民の限界評価を正確に知らなければならないということです。

　言い換えると，政府が私たちの心の中を読み取ることができなければ，サミュエルソン・ルールに従って公共財供給をすることはできません。ということは，結局のところサミュエルソン・ルールは実現不可能だということになってしまいます。これはなかなか困った事態です。こういうとき，経済学者はこっそりと「サトリがいれば…」と思ってしまうのですが，さすがに架空の妖怪に頼るわけにはいきません。

　そこで，いろいろな経済学者が「政府が国民の選好を知らなくても公共財の最適供給を実現する方法」についてアイデアを提供してきました。本章では，その成果と限界について詳しく見ていくことにします。

2 / リンダール・メカニズム

2.1 / リンダール・プロセス

　私的財の市場取引がなぜうまくいくかと言うと，それは価格メカニズムのおかげです。つまり，財を欲しがる人がたくさんいるとき（超過需要）には価格が上がり，逆に財を売りたがる人がたくさんいるとき（超過供給）には価格が下がることによって，需給が調整されるのです。

　リンダール（E. R. Lindahl）はこのメカニズムを公共財に応用してみようと考えました。すなわち，公共財の費用負担を各個人に求め，その費用負担額を一種の価格として調整することによって，公共財の最適な供給が実現可能であることを示したのです。具体的には次のようなプロセス（リンダール・プロセス）を提示しました。

Ⅰ．政府は公共財供給のための費用関数を開示する。

Ⅱ．そのうえで，各個人に公共財の負担割合を割り当てる。このとき，どんな割り当て方をしても結果に影響はないので，とりあえずランダムに割り当てれば良い。

Ⅲ．各個人は与えられた負担割合の下で，公共財に対する評価と自分が負担しなければならない費用を比較しながら，希望する公共財供給量を政府に申告する。

Ⅳ．政府は各個人の希望を集計する。皆がちょうど同じ量を希望した場合，政府はその量の公共財を供給する。

Ⅴ．各個人の希望量が異なった場合には，負担率を変更する。その際のルールは次の2つである。
   ・相対的に多くの量を希望する個人の負担率を上げる。
   ・相対的に少ない量を希望する個人の負担率を下げる。

Ⅵ．プロセスⅢに戻る。最終的にすべての個人が同じ量を希望するようになるまでこの作業を繰り返す。

これまでの議論と同様に 2 人の個人を想定し，公共財に対する各個人の評価関数を $B_i(x)$ で表します。政府はリンダール・プロセスⅡに従って，個人 1 に τ_1^0，個人 2 に τ_2^0 の負担割合を提示します（$\tau_1^0 + \tau_2^0 = 1$）。

各個人はこれを受けて，自分の純便益 $B_i(x) - \tau_i^0 C(x)$ が最大になるような公共財の量を計算し，それを政府に申告します（リンダール・プロセスⅢ）。$B_i(x) - \tau_i^0 C(x)$ を微分してゼロとおくと，個人 i の希望する公共財供給量 x_i は，

$$MB_i(x_i) = \tau_i^0 MC(x_i) \tag{5.1}$$

となるように決まります。これは**図表 5－1** の E_1 点と E_2 点で表されます。

政府は各個人によって申告された公共財の希望量を集計します。偶然にも，各個人によって申告された量が $x_1 = x_2$ と一致していれば手続きは終了です。政府はその一致した希望量を供給し，最初に提示した負担率に従って費用を回収します（リンダール・プロセスⅣ）。

残念ながら両者の希望量が異なっているときには，負担率の調整を行います（リンダール・プロセスⅤ）。ここでは**図表 5－1** のように，個人 1 の希望量が個人 2 の希望量を上回っているとしましょう（$x_1 > x_2$）。このとき，政府は個人 1 の負担率（τ_1）を引き上げ，個人 2 の負担率（τ_2）を引き下げます。こうすると，それぞれが直面する限界費用の傾きが変わるため，個人 1 は希望量を減らし，個人 2 は希望量を増やすことになります。

これを繰り返していくと，いつか両者の希望量が一致するような x^* にたどり着きます。そのときの負担率をそれぞれ τ_1^*，τ_2^* とすると，各個人の最適化行動から，次の関係が成立しているはずです。

$$MB_1(x^*) = \tau_1^* MC(x^*)$$

$$MB_2(x^*) = \tau_2^* MC(x^*)$$

$\tau_1^* + \tau_2^* = 1$ という関係を考慮しながら 2 本の式を足すと，

$$MB_1(x^*) + MB_2(x^*) = MC(x^*) \tag{5.2}$$

図表 5 - 1 ▶▶▶ 負担率の変化

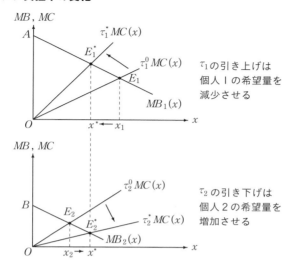

が導出されます。これは前章で確認したサミュエルソン・ルールです。ここから，リンダール・プロセスに従って求められた公共財の希望量は社会的に最適な水準であることが確認されます。リンダールは理想的な公共財供給を実現するためのプロセスを提示したという意味において，非常に重要な発見をしたのです。

2.3 リンダール・メカニズムの問題点

でも，少し考えればわかるように，リンダール・プロセスを現実的に実行しようとすると，いくつかの問題が生まれます。まず，手続きがあまりにも煩瑣になることが挙げられます。上の例では 2 人の個人を想定したので話が簡単に見えたかもしれませんが，実際の行政単位はもっと大きく，その構成者すべての希望量が一致するまで負担率を調整し続けるというのはとても現実的とは言えません。

また，リンダール均衡では高所得の人があまり負担せず，低所得の個人が多くを負担しなくてはならないという状況が起こり得ます。例えば公共交通

図表 5-2 ▶▶▶ 個人 1 が嘘をつくケース

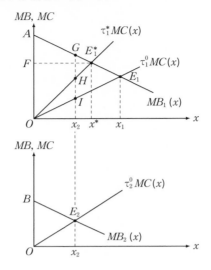

や公教育を考えてみましょう。これらのサービスを切実に必要としているのは，どちらかと言えば低所得の人たちと言えます。所得の高い人たちは，政府に頼らずとも，自分で移動手段を確保したり，教育を受けたりすることが可能なのに対し，所得の低い人たちはなかなかそういうわけにはいかないからです。このようなケースでリンダール・プロセスを適用すると，所得の低い人が多くの費用負担をすることになりますが，このような結果は公平性という観点から批判を浴びることになります。

　そして何より，すべての個人が正直に自分の希望量を申告するとは限らないという問題があります。**図表 5-2** を見てください。前と同様に，政府が個人 i に τ_i^0 の負担率を提示したとします。リンダールの想定通りに両者が申告したとすると，最終的には x^* の公共財が供給され，個人 1 は $\triangle AE_1^*O$ の純便益を得ることになります。

　しかし，個人 1 は，多くの量を希望すると負担率を引き上げられることを知っています。そこで，あえて少ない希望量である x_2 を申告したとしましょう。すると，この段階で両者の希望量が一致するので，政府は費用の負担率の変更を行いません。このとき個人 1 は τ_1^0 の負担率で x_2 の公共財供給を

受けることになり，その純便益が□$AGIO$となります。図で比べるとわかる
ように，これは正直に申告したときの純便益△AE_1^*Oよりも大きくなって
います。よって，個人1は希望量よりも少ない申告をするインセンティブを
持つのです（同じことは個人2についても当てはまります）。

このことを数式を使って確認しましょう。リンダール・プロセスⅢにおい
て，x_iが高ければτ_iが高くなる（$d\tau_i/dx_i > 0$）ことを各個人は考慮しながら
自己の純便益を最大化するとします。このとき，(5.1) 式は次のように書き
換えられます。

$$MB_i(x_i) = \tau_i^0 MC(x_i) + C(x_i)\frac{d\tau_i}{dx_i} \tag{5.3}$$

$d\tau_i/dx_i > 0$を前提とすると，(5.3) 式の下では$MB_i > \tau_i^0 MC$となります。
このような関係が成立するのは，**図表5-2**（上）で言えば$x < x_1$の領域で
す。ここから，各個人が政府の行動を読み込んで行動すると，本来の希望量
とは異なった申告（過少申告）をすることがわかります。

政府が (5.3) 式に従って申告されるx_iを集計し，各自の希望量が一致す
るようにτ_iを調整したとします。そして，その結果として得られる負担率が
$\tau_i^\dagger$，希望量が$x_1=x_2=x^\dagger$と表されるとしましょう。すると，次の式が成立します。

$$MB_1(x^\dagger)+MB_2(x^\dagger) = MC(x^\dagger)+C(x^\dagger)\left(\frac{d\tau_1}{dx_1} + \frac{d\tau_2}{dx_2}\right) \tag{5.4}$$

(5.4) 式の下ではサミュエルソン・ルールが成立していません。ここから，
各自が正直な申告をしないケースでは，リンダール・プロセスに基づく公共
財供給は社会的純便益を最大化しないことがわかります。

3 クラーク・グローブス・メカニズム

3.1 嘘をつくインセンティブ

人間には嘘をつくインセンティブがあるというのは，経済学者を長年悩ま

せてきた問題でした。もちろん中には何でも正直に言う人もいるでしょうし，そもそも普通の人だって年中嘘ばかりついているわけではありません。でもいざというときに嘘をつかれるかもしれないという疑念がある限り，すべての個人を 100% 信頼した政策をとるわけにはいきません。

　例えば，次のような状況を考えましょう。2 人の個人（個人 1，個人 2）が存在する社会において，政府が公共事業を実施しようとしています。事業の規模として，「大規模」と「小規模」の 2 種類が検討されており，その費用は 2 人の個人に半分ずつ割り当てられます。当然，「大規模」な公共事業には多額の費用がかかり，「小規模」の費用はそれほど大きな額にはなりません。

　このような状況で，個人 1 の手元に政府からのアンケートが届きます。アンケートには，「それぞれの規模についてどれぐらいの評価をしているかを答えてください。皆さんのアンケート結果を集計して公共事業の規模を決定します」と書いてあります。個人 1 は，なるべく費用負担を低くしたいと思っており，そのため，「小規模」の事業を希望しています。具体的に数値で表すと，「小規模」からの純便益は 100 であるのに対し，「大規模」からは 30 の純便益でしかないとしましょう。

　さて，みなさんが個人 1 だとしたら，このアンケートに対してどのように答えるでしょうか。もし自分の希望通り「小規模」が実現するという確信があるのなら，わざわざ嘘をつく必要はありません。しかし，個人 2 がどう答えるかわからない限り，そのような確信を持つことはできないでしょう。そんなときに少しでも自分にとって有利な状況をつくり出すために，「小規模」の評価を実際より高めに，そして「大規模」の評価を実際より低めに申告しようと考えるのは，ある意味自然のことです。

　ここまで考えると，個人 2 にも嘘をつくインセンティブがあることに気づきます。そうだとしたら，個人 1 はもっと大胆な嘘をつく必要があるかもしれません。そして，それと同じことを個人 2 も思うはずですから，向こうもさらに…と，どんどん嘘の規模がエスカレートしていくことになります。

3.2 嘘をつかせない方法

嘘をつかれて困るのなら，嘘をつかせないようにすれば良いではないか。1960年代から70年代に，そんな面白い発想をする人たちが現れました。その先駆者はヴィックリー（W. Vickrey）で，彼はオークションの世界で入札者がなぜか真の選好を表明してしまうようなシステムを考えました（コラム参照）。

そして，本章の**3.3**で紹介するクラーク（E. H. Clarke）が，その研究を公共財の世界に応用しました。後にクラーク税と呼ばれるようになったこの税システムを導入すれば，公共財に対する真の評価を皆が表明するようになります。なお，クラークのアイデアをグローブス（T. Groves）という人が精緻化したので，以下で紹介するメカニズムをクラーク・グローブス・メカニズムと呼ぶこともあります。

Column　セカンドプライスオークション

一般的なオークションでは，対象となる商品に対して「最も高い金額を入札した人が，その金額で購入する」という形式をとります。これをファーストプライスオークションと言います。

それに対してヴィックリーは，「最も高い金額を入札した人が，2番目に高い金額で購入する」というセカンドプライスオークションを提唱しました。購入する人と価格を決める人が異なるというのは，何だか奇妙なシステムに見えますが，この点こそがセカンドプライスオークションの要点です。

ファーストプライスオークションでは，入札額は落札後の支払額を意味するので，入札時についつい自分の評価よりも低い金額を書きたくなります。しかし，セカンドプライスオークションでは，いくらで入札したとしても，それは落札後に払う金額ではないので，低い金額を書くインセンティブがなくなります。

ただし，自分の評価よりも高い金額を書いてしまうと落札後に困ることになるかもしれませんから，自分の評価の範囲内で最も高い金額を入札するというのがセカンドプライスオークションにおける最適戦略になります。こうして，セカンドプライスオークションでは，全ての参加者が自分の評価をそのまま素直に表明するということが起きるのです。ヴィックリーはこの発見によって，1996年にノーベル経済学賞を受賞しています。

そもそも私たちがなぜ嘘をつくのかといえば、それは自分の純便益しか考えていないからです。逆に言えば、嘘をつくことによって他人が受けるであろう被害を自分の痛みとして感じさせるような仕組みにすれば、誰も嘘をつかなくなるはずです。そこでクラークは、「他人の損を税として納付させる」というアイデアを思いつきました。

再び本章の**3.1**の設定を使いながら具体的に見ていきましょう。このケースで個人１にとって望ましいのは「小規模」の公共事業が実行されることであり、そのときには 100 の純便益が発生します。一方、何らかの事情（例えば個人２の嘘の申告）で「大規模」な公共事業が実行されると個人１の純便益は 30 に下がってしまいます。この差額をここでは「損」と呼ぶことにしましょう。公共事業の規模が大きくなると、個人１に 70 の「損」が発生するという言い方をするのです。

クラークは、この個人１の「損」と同額の税を個人２に対して課すという仕組みを提案しました。逆に、個人２に「損」が発生したときには、個人１が税を負担します。このように課される税のことをクラーク税と呼びます。

ところで、政府は各個人の真の評価を知らないはずです。そんな状況でどうやってそれぞれの「損」を計算するのだろうと疑問を持った人もいるかもしれません。でも、その心配は不要です。このシステムでは、あくまでも各個人が申告してきた純便益の値に従って「損」を計算します。各個人が嘘をついているかどうかは気にせず、執行者は出てきた数値を淡々と処理するだけです。

さて、個人１には個人２の純便益はわかりませんし、ましてや個人２がどのような申告をするかを事前に知る方法はありません。そこで個人１は、とりあえず『個人２が「小規模」に対して a、「大規模」に対して b という額の純便益を申告してくる』と予想し、それを前提に自分にとっての最適な申告額を計算してみます。

3.3.1 個人２が「小規模」を望むケース

まず，$a \geqq b$ というケースを想定してみましょう。このケースでは個人１だけでなく，個人２も「小規模」な公共事業を好みます。よって，個人１がわざわざ自分に有利になるような申告をしなくても，自然と望ましい結果が得られます。だから，このケースにおいて個人１に嘘をつくインセンティブはありません。

3.3.2 個人２が「大規模」を（弱く）望むケース

次に，$a < b$ のケースを考えます。このときには，個人１と個人２の好みが異なるため，やや複雑になります。個人１の純便益に個人２の予想申告額を加えると，政府が認識する社会的純便益は，「小規模」に対しては $100 + a$，「大規模」に対しては $30 + b$ になります。よって，(1) $100 + a > 30 + b$（すなわち $b - a < 70$）であれば，「小規模」な公共事業が実行され，(2) $100 + a \leqq 30 + b$（すなわち，$b - a \geqq 70$）であれば「大規模」な公共事業が実行されることになります。なお，ここでは等号が成立するケースを (2) に含めましたが，(1) に含めても結論は変わりません。

(1) の結果は，個人１にとっては望ましいものです。個人２の「損」の額（$= b - a$）だけクラーク税を払わなくてはいけませんが，それを払ったとしても納税後の純便益は $100 - (b - a) > 30$ となり（ここでは，$b - a < 70$ のケースを扱っていることを思い出してください），個人１にとっては満足できる結果になります。よって，個人１はこのケースにおいても嘘をつくインセンティブを持ちません。

3.3.3 個人２が「大規模」を強く望むケース

(2) のケース（$b - a \geqq 70$）はどうでしょうか。このケースで正直に申告してしまうと「大規模」が実現してしまいます。そこで，個人１は嘘をつくことを検討します。例えば「小規模」の純便益を 100 ではなく 300 と言うとか，「大規模」の純便益を -500 にしてしまうとかそういう感じです。そう

すれば，自分が望んだ「小規模」が実現し易くなります。

　しかし，ここでクラーク税のことを思い出さなくてはいけません。「小規模」が実現すると，個人2は「損」を被ります。よって，個人1は$b-a$の税を払わなくてはなりません。そのときの納税後の純便益は$100-(b-a)$ですが，$b-a \geqq 70$の前提条件を考慮すると，$100-(b-a)$は必ず30以下になります。つまり，個人1はわざわざ嘘をついて「小規模」を実現しても，その際の純便益は，嘘をつかなかったときの純便益よりも小さくなってしまいます。これならまだ嘘をつかずに「大規模」で我慢しておいたほうが良いということになります。

3.3.4　3つのケースのまとめ

　以上で3つのケースをすべて確認しました。クラーク税を前提とする限り，$a \geqq b$のときも，$a < b$のときも，いずれのケースにおいても個人1は嘘をつくインセンティブを持ちません。同じことは個人2についても言えるので，クラーク税はすべての個人に正直な申告を促すことになります。ここではかなり特定化されたケースで議論をしましたが，もっと一般的なケースにおいても同様の議論が成立することが証明されています。詳しくは土居［2018］などを参照してください。

　さてこれで，公共財供給の際の最大のネックが取り除かれました。クラーク税を使えばすべての個人が正直に自分の評価を報告してくれます。そうすれば，政府にとって必要な情報がきちんと集まり，社会的に最適な公共財供給が可能になります。めでたしめでたし……，となるはずなのですが，残念ながらやはりここでもそう簡単にはいきません。確かにすべての個人の総評価を知ることは重要です。しかし，そのための手続きが複雑になるのはリンダール・プロセスと同じです。関係者が2人だけなら他人の「損」を負担させることはそれほどの手間でもないかもしれませんが，何千人，何万人という行政単位の中でクラーク税を課すことのコストは膨大なものとなるでしょう。また，各個人に公共財の費用を負担させながら，そのうえでクラーク税をとれば政府の予算が黒字になります。黒字なら問題ないだろうと思うかも

しれませんが，政府の予算が黒字になるというのは，その分，個人が税金を払いすぎているということになります。つまり，各個人にしてみればもっと高い効用を実現する余地があるということになり，その意味で，政府の黒字予算は社会的に非効率であると言えます。

4 投 票

4.1 民主主義は理想の社会を実現するか？

　ここまでの議論でわかったことは，要するに「他人」である政府が直接の利害関係者である国民を満足させることの難しさです。どんなに経済理論が発達しても，結局のところ，他人の心の中まで読むのは難しいですし，仮にそれが可能だとしても費用が膨大になります。だとすると，考えられる解決策は1つしかありません。当事者による直接決定，つまり，国民による投票です。これならどうでしょうか。

　ただ，ひと口に投票といっても，さまざまな種類があります。一般的にはそれぞれの有権者が自分の最も望む選択肢に1票を投じるという形を取りますが，複数の選択肢に投票できる方式や，1つの選択肢に複数の票を投じることができる方式もあります。また，投票による勝者の決め方に関しても，「全員一致」，「過半数」，「最多得票」などいくつかのルールが考えられます。

　以下では，それぞれの投票方式の特徴や問題点について確認し，民主主義による意思決定が，社会にとって望ましい選択をし得るかどうかを見ていくことにしましょう。

　なお，結論を先に述べると，残念ながらこの方法もうまくいきません。私たちは小学校以来，自らの社会の行方を自らの意思で決めることができる民主主義を崇高な社会形態として教えられてきましたが，民主主義が社会にとって最善の選択をする保証はないのです。

　1人1票の単純な投票方式の場合，最も望ましいのは全員の選択が一致することです。でも，現実的にそれはまずありません。すると，次に考えられるのは「過半数が支持したものを選択する」というものです。この過半数ルールに対しては，少数意見が無視されるという問題点がよく指摘されますが，それ以外にも次のような欠点があります。

　3人の個人からなる社会を考えましょう。今，「街の治安改善」と「緑地公園の建設」という2つの公共サービスの供給が検討されており，どちらも同じだけの費用がかかるとします。その費用は3人で頭割りします。そして2つのうちどちらを実行すべきかを判断するために，投票を行います。各公共サービスから得られる純便益が**図表5-3**のようであるとしましょう（費用負担があるために，純便益が負になることもあります）。

　図表から明らかなように，このケースにおいて社会的純便益を大きくするのは治安の改善です。しかし，どちらが望ましいかという投票を行った場合には治安改善に1票，公園の建設に2票となり，公園建設が選択されることになります。このような単純な例からも，過半数ルールにおける投票の結果が社会的純便益を最大化するわけではないことがわかります。それどころか，このケースではさらに困った問題が生まれます。仮に治安改善が選択されていれば正の社会的純便益を実現できたのですが，公園建設が選択されると社会的純便益の値が負になってしまいます。このように，過半数ルールによって選ばれた結果は，社会的純便益の最大化を意味しないだけでなく，社会全体に損をもたらすこともあり得るのです。

図表5-3 ▶▶▶公共サービスに対する各個人の純便益

	個人1	個人2	個人3	社会的純便益
治安改善	5	5	5	15
公園建設	−30	10	10	−10

4.3 投票のパラドックス

　「過半数ルール」のもう1つの問題点は，そもそもそれを満たす選択肢が存在しないかもしれないということです。例えば，次のようなケースを考えます。社会には若年，中年，老齢の3つの世代があり，それぞれの世代に同じぐらいの人口がいるとします。そして現在，「職業訓練所の開設」，「宅地開発」，「市民病院の建設」という3つのプロジェクトが検討されており，各世代はそれぞれのプロジェクトに対して**図表5−4**のような順位付けをしているとしましょう。すなわち，若年世代は自らの職を求めて職業訓練を重視する一方で，まだ健康には自信があるために市民病院開設には特に興味がありません。中年世代はそろそろ新築の家を買いたいという要望があるので宅地開発に対して積極的ですが，多くの人はすでに何らかの職を得ているために職業訓練所に対する要望は弱くなります。老齢世代は余生を健康に過ごしたいという希望から市民病院建設を強く望みます。また第2，第3の人生を有意義に過ごすために引退後の再就職にも積極的で，職業訓練所の開設にも興味があります。

　このような社会で，3つのプロジェクトに関する投票を行ったとしても，過半数の支持を得るものはありません。それぞれのプロジェクトが3分の1ずつの票を得るという結果に終わってしまいます。

　そこで，少し工夫をして，このような状態でも何とか政策の優先順位をつけることを考えてみます。その中の1つのやり方として，コンドルセ法と呼ばれる投票方式があります。これは，2つのプロジェクトを順番に天秤にかける方法で，いわば政策同士をトーナメント戦で競わせるという形をとります。そして，最後まで勝ち抜いた政策を社会的に選択します。

図表5−4 ▶▶▶投票のパラドックス

若年世代	職業訓練 ＞ 宅地開発 ＞ 市民病院
中年世代	宅地開発 ＞ 市民病院 ＞ 職業訓練
老齢世代	市民病院 ＞ 職業訓練 ＞ 宅地開発

まず職業訓練所と宅地開発の比較から始めましょう。この２つの比較であれば，若年世代と老齢世代は職業訓練所を望み，中年世代は宅地開発を望むので，２対１で職業訓練所の開設が選ばれます。次に，１回戦の勝者である職業訓練所と残りの市民病院を選択させると，若年世代は職業訓練所を選びますが，中年世代と老齢世代は市民病院に票を投じます。ということで，今度は市民病院が選択されることになります。こうして勝ち残ったのが市民病院ですから，この社会では市民病院を建設するのが最適であるということになりそうです。

　ところが，ここで問題が発生します。念のために勝者である市民病院と，１回戦負けの宅地開発を比較してみます。すると，若年世代と中年世代が宅地開発を選び，老齢世代だけが市民病院を選ぶということになります。つまり，この２つの選択肢では宅地開発に軍配があがるのです。

　結局，これはジャンケンと一緒で，常に３すくみの状態になります。このようなケースで何が選ばれるかは投票の順番だけに依存することとなり，投票そのものによって各プロジェクトの適切な比較をすることはできません。このような現象を投票のパラドックス，あるいは，その発見者にちなんでコンドルセのパラドックス（Condorcet paradox）と言います。

4.4　さまざまな投票方法

　過半数の支持が存在しないケースに対して，他にも次のような投票方式が提唱されています。

（1）相対多数投票

（2）是認投票

（3）ボルダ投票

　ここでは，それぞれの特徴を見ながら，投票という意思決定方式そのものが持つ問題点について考えることにします。

　３種類のタイプの人々が存在し，それぞれが政策Ａ～Ｄに対して**図表５−５**のような選好を持っている社会を想定します。ここで１人１票の単純な投票

順位	タイプ1 4人	タイプ2 3人	タイプ3 2人
1位	B	A	D
2位	C	C	A
3位	A	D	C
4位	D	B	B

を行うと，A：3票，B：4票，D：2票となり，過半数を獲得する政策は存在しません。

4.4.1 コンドルセ法

まず，ベンチマークとして再びコンドルセ法を取り上げます。前述のように，これは選択肢2つずつを対象として，1対1の勝負を行う方法です。勝負の順番に依存することなく，最後まで勝ち続けられる選択肢があれば，それは**コンドルセ勝者**と呼ばれます。

図表5-5において，AとBを競わせると，Aは5票を得るのに対し，Bは4票を得ます。よって，勝者はAになります。同様に，AとCの勝負は5票対4票でAの勝ちです。AとDも7票対2票でAの勝ちです。このように，1対1ならAはBの選択肢に負けることはありません。B，C，Dがどのような順番で現れたとしても，勝負の順番に関係なく，Aは最後まで勝ち続けます。つまり，Aは，この投票におけるコンドルセ勝者となります。

このように，すべての対戦相手に勝利する選択肢があれば，それは社会的に最も望まれていると考えても問題なさそうです。ただし，コンドルセ法では必ずしも勝者が存在するとは限りません。本章の**4.3**で見たように，投票者の選好が循環しているようなケースでは，コンドルセ法は意思決定のツールとして無力になります。例えば，**図表5-5**において，タイプ1のAとDの選好順位が入れ替わるだけで，コンドルセ勝者は存在しなくなります（練習問題として，自分で確かめてみてください）。

4.4.2 相対多数投票

　相対多数投票とは，選択肢の中で最も多くの支持を集めたものを選ぶ方法です。その際に，その選択肢が過半数の支持を受けたかどうかは問題にしません。とにかく一番多くの支持を集めた選択肢が勝者となります。

　コンドルセ法に比べれば手続きがシンプルですし，少なくとも一番多くの支持を得たものを選ぶわけですから，この方法にも一定の利点があります。しかし，この方法がいつでも有用かというと，そうとも言えません。

　再び**図表5-5**に戻りましょう。この社会において，相対多数投票を行うと，Bが選ばれます。しかし，これはコンドルセ勝者であるAとは異なります。つまり，相対的多数決はコンドルセ勝者を選ばない可能性があります。

　また，Bは確かに最も多くの人に支持される政策ですが，一方で，最も多くの人が最も望ましくないと思っている政策でもあります（過半数が選好順位を4位にしていることを確認してください）。つまり，相対的多数決は，「最悪」の選択肢を選んでしまう可能性もあります。

4.4.3 是認投票

　1人の投票者が1票だけを投じるという条件を緩和して，1人の投票者が何票でも投じられるというように制度を変えることもできます。自分が「選んでも良い」と思う選択肢すべてに丸をつけるような方式を是認投票と言います。よくアンケートで「当てはまるものをすべて選んでください」と尋ねるものがありますが，あれはまさに是認投票の一例です。

　政策的な投票に限らず，日常生活のさまざまな場面でも，「○○と××のどちらも捨てがたい」と悩むことは珍しくありません。選ぶチャンスが1回しかなければ，それでも何とかして1つだけを選ばなくてはいけませんが，是認投票であればそのような悩みは不要です。希望するものがあれば，片っ端から丸をつければ良いのです。

　是認投票には，一部の人に強く望まれる候補よりも，誰にも嫌われない無難な候補が選ばれやすいという特徴があります。**図表5-5**において，すべ

ての投票者が上位2つの政策までなら許容できると考えたとしましょう。このときに是認投票を行うと，A：5票，B：4票，C：7票，D：2票となり，勝者はCになります。Cは誰からも1位に推される政策ではありませんが，多くの人に2位に選ばれているため，是認投票では強みを持つのです。

　ここからわかるように，是認投票も相対多数投票と同様に，コンドルセ勝者以外の選択肢を選ぶ可能性があります。

4.4.4　ボルダ投票

　1人が複数票を投じることができる方式の一種に，ボルダ投票というものがあります。メジャーリーグや日本プロ野球で最優秀選手（MVP）を選出するときに使われる方法と言えばピンと来る人もいるでしょう。

　この方式では，投票者がそれぞれの選択肢に順位をつけ，それぞれの選択肢には順位に従った点数が割り振られます。点数の割り振り方はさまざまですが，一般的には，例えば4つの選択肢があった場合，1位には4点，2位には3点，3位には2点，4位には1点とすることが多いようです。このように割り振られた点数を集計し，合計点の最も高いものを勝者とします。**図表5－5**にこれを当てはめると，A：26点，B：21点，C：25点，D：18点となり，Aが最高得点を得て勝者となります。

　単純な1人1票方式の場合，投票者は2番目以下の選択肢に評価を与えることはできません。逆に是認投票では，選択したものすべてを同列に扱うため，2番目以下が高く評価されすぎるという傾向があります。ボルダ投票はその2つの欠点を中和するような特徴を持っています。

　しかし一方で，ボルダ投票には，選択肢の数によって順位が変わり得るという欠点があります。今，**図表5－5**から，候補となる政策がもう1つ増えたとします。そして，各タイプの評価順位が**図表5－6**のように修正されたとします（A～Dの相対的な位置関係は変わっていないことに注意してください）。

　この状況で1位に5点，2位に4点，…，5位に1点を与えるボルダ投票を行うと，A：28点，B：27点，C：31点，D：20点，E：29点となり，C

図表 5 − 6 ▶▶▶ ボルダ投票の問題点

順位	タイプ１ 4人	タイプ２ 3人	タイプ３ 2人
１位	B	E	D
２位	C	A	A
３位	E	C	C
４位	A	D	B
５位	D	B	E

図表 5 − 7 ▶▶▶ 複数投票の問題点

順位	タイプ１ 4人	タイプ２ 3人	タイプ３ 2人
１位	A	B	B
２位	C	C	C
３位	D	D	D
４位	B	A	A

が勝者となります。Ａ〜Ｄの相対的な位置関係は変わっていないにもかかわらず，ＡとＣの順位が変わるという不思議なことが起きてしまいます。

　また，是認投票やボルダ投票のように，１人が複数の票を投じる方式には別の問題も存在します。それは，単純投票なら過半数の支持を得るものが存在するケースでも，是認投票やボルダ投票ではそれが選ばれない可能性を持つということです。例えば，**図表5−7**のような状況があるとしましょう。ここで，１人１票の単純投票ならＢが過半数の支持を得て選ばれます。しかし，上位２位までの是認投票やボルダ投票の場合，Ｃが選ばれることになります。Ｃは１人１票方式なら１票も入らない選択肢なのですが，１人複数投票になると急に強みを増すのです。

4.5　投票による意思決定の難しさ

　ここまでの議論で確認できたように，どんな投票を行ったとしても，そこには何らかの問題が存在します。「まだわからない。ひょっとしたら，人類が見つけていない画期的な投票方法があるかもしれないではないか」と考える人がいるかもしれませんが，実は，この問題に関してはすでに決着がついています。アロー（K. Arrow）が 1951 年に書いた博士論文の中で，選択肢が 3 つ以上あるときにもっともらしいと考えられる条件をすべて満たす社会的選択ルールは存在しない，ということを証明したのです[1]。これは後に「アローの不可能性定理」（あるいは「アローの可能性定理」）と呼ばれるようになります。

　よって，大変残念なことですが，これからどんなに経済学や政治学が進歩しても，欠点のない投票方式をつくり出すことはできません。公共財供給（あるいはもう少し広く公共的な意思決定）に関して万能な方法はなく，どんな方法にも必ず何らかの短所が含まれてしまいます。私たちはそのことを理解したうえで，「公共」というものに向かい合う必要があるのです。

　相対的多数決投票，是認投票，ボルダ投票が現実的に用いられている例を探してみよう。また紙面の都合上，ここでは紹介できなかった投票方法もある。それらの方法や特徴などについても調べてみよう。

　私たちは公共財というやっかいな財にどのように向かい合えばよいだろうか。望ましい公共財供給のあり方について議論してみよう。

1.　2人の個人（1, 2）を前提としたリンダールメカニズムを考える。両者は供給される公共財（x）についてそれぞれ $MB_1 = 80 - x_1$, $MB_2 = 140 - 2x_2$ という限界評価を持っており，それを政府に正直に申告するものとする。公共財供給の限界費用が 60 であるとして，以下の問いに答えよ。

　（1）政府が両個人に公共財供給費用の 50％ずつの負担を割り当てたとき，両者はそれぞれいくつの公共財を希望するか。

　（2）その結果，負担率を引き上げるべきなのはどちらの個人か。

　（3）両者の希望する公共財供給量が同じになるような負担率はそれぞれいくらか。

　（4）このように決められた負担率が，社会厚生を最大化する負担率であることを証明せよ。

2.　政府が A ～ E までの政策を提示し，国民はこれらに対して次のような選好を持っているとする。

順位	タイプ１ 5人	タイプ2 3人	タイプ3 3人
１位	A	B	D
2位	E	C	C
3位	D	E	B
4位	B	D	E
5位	C	A	A

(1) コンドルセ法によって選ばれる政策は存在するか。存在するとすれば どれか。

(2) 相対多数投票によって選ばれる政策はどれか。

(3) それぞれのタイプの人々は，自分の選好順位の上位2つであればどち らが実行されても納得できるとする。このとき，是認投票によって選 ばれる政策はどれか。

(4) 1位に5点，2位に4点，3位に3点，4位に2点，5位に1点を与え るボルダ投票によって選ばれる政策はどれか。

▶▶▶さらに学びたい人のために

●奥野信宏［2008］『公共経済学（第3版）』岩波書店。

●林正義・小川光・別所俊一郎［2010］『公共経済学』有斐閣。

●坂井豊貴［2016］『決め方の経済学』ダイヤモンド社。

●土居丈朗［2018］『入門公共経済学 第2版』日本経済評論社。

●佐藤主光［2018］『公共経済学15講（ライブラリ経済学15講 APPLIED 編)』 新世社。

【注】

1 もっともらしい条件とは，次の4つです。(1) 広範性，(2) パレート性，(3) 独立性，(4) 非独裁性。それぞれの意味や，定理の詳細な説明については奥野・鈴村［1988］が参考にな るでしょう。

参考文献

●土居丈朗［2018］『入門 公共経済学』日本経済評論社。

●奥野正寛・鈴村興太郎［1988］『ミクロ経済学Ⅱ』岩波書店。

▶公害，騒音，地球温暖化などの問題が市場で解決されないのはなぜだろうか。

▶政府はこれらの問題にどのように対応すれば良いだろうか。

▶政府の関与なしに，公害問題を解決する方法はあるだろうか。あるとしたら，そのための条件は何だろうか。

外部効果　受益者負担の原則　内部化　ピグー税　コースの定理

1 / 鰻の煙代を請求されたら

　古典落語に「しわい屋」という囃があります。しわい（吝い）というのはケチという意味で，タイトルの通り，この囃にはケチな人がたくさん出てきます。その中の 1 人の話をしましょう。この男はうまいと評判の鰻屋の隣に住んでおり，毎晩流れてくる煙の匂いをおかずにご飯を食べています。ケチですね。そうやってお惣菜代を節約していると，ある日，鰻屋さんが請求書を持ってきます。何のことだかわからない男は，「鰻なんか食べてないよ」と文句を言います。すると，鰻屋の亭主はこう言い返します。

　「毎晩，うちから出る鰻の煙を嗅いでいるそうじゃないですか。だったら，匂いの嗅ぎ賃を頂戴したいと思いまして」

　これにはケチな男もびっくりします。でも，そこはさすがにケチな男，とっさに機転を利かせます。懐から鷹揚にお金を取り出し，ポイッとちゃぶ台に放り投げました。チャリーンという音がします。そして，すかさずこう言います。

「匂いの代金なら，音で払おうか」

　鰻屋の亭主もなかなかのものですが，ケチ具合では男のほうが一枚上手だったようで，最後までとんちの効いた愉快な話が展開されます。有名な話なので，どこかで聞いたことがある人もいるでしょう。

　こんな粋な話に無粋な経済学の注釈をつけるのもどうかと思いますが，この話のポイントは，鰻を注文した正式な客（需要者）と鰻を焼いている店（供給者）の他に，もう1人その取引から得をしている人間がいるという点です。

　一般的な市場経済では，消費者が財の消費から便益を得て，生産者がその対価を受け取るという形で取引が完結します。しかし時々，その消費・生産活動が，取引とは関係のない第三者にも影響を及ぼします。タバコの煙がその代表的な例で，誰かがタバコを吸うと，周りの人たちを不愉快にさせることがあります。このように，ある主体の行動が他の主体に対して市場を通さずに与える影響のことを**外部効果**（externality）と言います。ここでいう「市場を通さない」とは，正当な対価を払わないという意味だと思ってください。

　外部効果には受け手にとって望ましい影響と望ましくない影響の2つの種類があります。前者は**外部経済**と呼ばれ，鰻屋の煙やきれいな庭園などがその具体例です。後者は**外部不経済**と呼ばれ，タバコの煙，工場から出る騒音，自動車の排気ガスなどが具体例として挙げられます。

2 ／ 外部不経済と資源配分

　ある財を生産する企業が外部不経済を発しているとしましょう。工場が煙や音を出して周りの住民に迷惑をかけているとか，汚染物質を川に流して問題になったというような状況です。このとき，生産に伴って社会全体で2種類の費用が発生します。1つは企業が直接負担する費用で，人件費や原材料費などが具体例です。今まではこれを単純に「費用」と呼んでいましたが，後に出てくる**外部費用**と区別するために，ここでは厳密に**私的費用**と呼ぶことにします。もう1つは，周りの住民が負担する費用です。外部不経済が存

図表 6−1 ▶▶▶社会的限界費用と私的限界費用

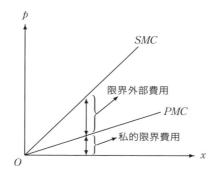

在することで，周りの人たちは体調を崩すとか不愉快な思いをするなどの物理的・精神的な費用を負担していることになります。これを外部費用と呼びます。そして私的費用と外部費用の和を**社会的費用**と定義します。

　経済学で重要なのは，生産量が1単位増えるごとにこれらの費用がどのように変化するかということです。そこで，例によって，これらを生産量で微分してみましょう。このときに得られる新しい関数はそれぞれ社会的限界費用（Social Marginal Cost：*SMC*），私的限界費用（Private Marginal Cost：*PMC*），そして限界外部費用と呼ばれます。式で書くと次のような関係になります。

社会的限界費用＝私的限界費用＋限界外部費用

　この関係をグラフにすると，**図表6−1**のようになります。外部不経済のないケースでは，社会的限界費用と企業の私的限界費用は一致します。しかし，外部不経済が存在するケースでは，社会的限界費用と私的限界費用が乖離し，前者は常に後者より高い位置に描かれます。

　このような市場で消費者と供給者が自由に取引をしたら，どんなことが起こるでしょうか。**図表6−2**を見ながら確認していきましょう。消費者は需要曲線に沿って，生産者は私的限界費用に沿ってそれぞれの活動を行います。よって，この経済における競争均衡は E_0 となり，x_0 の量が取引されることになります。

図表6-2 ▶▶▶外部不経済と資源配分

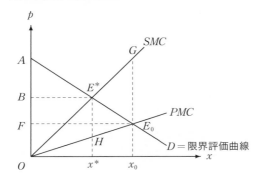

　このとき，消費者余剰は$\triangle AE_0F$，生産者余剰は$\triangle FE_0O$の面積で表されます。よって，今までの議論であれば社会的余剰は$\triangle AE_0O$となるのですが，このケースではそれは間違いです。なぜなら，この経済には消費者と生産者の他に，迷惑を被っている第三者が存在するからです。この人たちが負担している外部費用も社会的余剰の計算の中に入れてあげなくてはいけません。

　外部費用の大きさは社会的限界費用と私的限界費用の間の面積で表されます。仮にx_0の取引が実現したとすると，このときの外部費用の大きさは$\triangle OGE_0$となります。消費者余剰と生産者余剰の和からこの外部費用を差し引くと，最終的にこの経済における社会的余剰は$\triangle AE^*O - \triangle E^*GE_0$となります。

　さて，この取引量はこの市場における最大の社会的余剰を実現しているでしょうか。残念ながらそうはなりません。そのことを確認するために，仮に何らかの事情でE^*においてx^*の量が取引された状況を考えてみましょう。このときの消費者余剰は$\triangle AE^*B$，生産者余剰は$\square BE^*HO$，外部費用は$\triangle OE^*H$となるので，社会的余剰は$\triangle AE^*O$になります。ここから，E_0よりもE^*のほうが大きな社会的余剰を実現することがわかります。第2章で競争均衡は社会的余剰を最大化すると書きました。そこでは明示しませんでしたが，これはあくまでも「外部効果の存在しないケースでは」という条件付きでした。外部効果の存在するケースでは，競争均衡は社会の余剰を最大

化できません。つまり，市場の失敗が発生するのです。

なお，E^*はこの経済において社会的余剰を最大にする点です。練習問題として，その他の点ではE^*以上の社会的余剰を実現できないことを自分で確認してみてください。

3 外部経済のケース

今度は外部経済のケースを考えましょう。冒頭の話のように，鰻を注文した人以外にそこから便益を受ける人がいるというのが，その具体的な例です。この場合，その財を消費するごとに社会の中で2種類の限界評価が発生します。1つは直接の消費者による私的な限界評価（Private Marginal Benefit：PMB）であり，もう1つは外部の人たちの限界評価です。両者の和を社会的限界評価（Social Marginal Benefit：SMB）と呼びましょう。社会的限界評価曲線は外部の限界評価を加える分，私的限界評価曲線よりも上に位置することになります（**図表6−3**）。

消費者は私的限界評価に沿って，生産者は限界費用曲線に沿ってそれぞれ行動します。よって，市場に委ねた場合の競争均衡は，両者の交点であるE_1で与えられます。このときの消費者余剰は$\triangle AE_1F$，生産者余剰は$\triangle FE_1O$であり，外部評価は$\triangle AHE_1$ですから，社会的余剰は$\square AHE_1O$となります。

これまでの議論から想像はつくと思いますが，E_1では社会的余剰は最大化されません。この場合は，競争均衡よりも大きな生産をすることで社会的余剰を改善することが可能です。最終的にx^*，すなわちSMBとMCの交点における取引量が実現すれば，社会的余剰は最大化されます。これもまた，練習問題として自分で確認してみましょう。

図表 6-3 ▶▶▶外部経済のケース

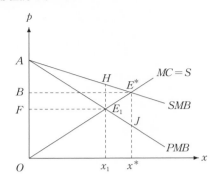

4 / 外部効果の内部化

　ここまでの議論から，外部経済・外部不経済のいずれのケースでも市場の失敗が起きることがわかりました。その原因はいたってシンプルで，要するに外部効果の存在によって**受益者負担の原則**が崩れてしまうからです。すでに何度も見てきたように，市場メカニズムの要点は，ある行動を起こす際のメリット（便益）とデメリット（費用）を比較することであり，そして，その比較の大前提は，受益者がその費用を負担することにあります。受益者でない人たちが費用を負担させられたり（外部不経済），負担者でない人たちが受益したりすると（外部経済），市場のメカニズムがうまく機能しなくなるのです。

　逆に言えば，市場のメカニズムを再び機能させるためには，払うべき人にきちんと払わせること，そして受け取るべき人がきちんと受け取れることを徹底させれば良いということになります。このような作業を，外部効果の**内部化**と言います。内部化を行う手段は大きく分けて3つあります。以下では1つずつ確認していくことにしましょう。

5 / ピグー税

5.1 課税による供給曲線のシフト

外部不経済について考えてみましょう。工場から騒音が出ていて，周りの住民が迷惑しているという例が最もわかりやすいかと思います。これまでに説明したように，このようなケースでは，生産者は本来負担すべき費用よりも少ない負担しかしなくてすむので，社会的最適に比べて過大な生産をしてしまいます（**図表6−2**）。

これを改善するために，政府が外部不経済の排出者に課税をし，排出者の負担額を増やすという手段をとったとします。1単位当たりの生産にτ円の税を課せば，企業の（税込みの）費用が増加するので，供給曲線は上にシフトします。

このことを数式で確認しましょう。課税後の企業の利潤は

$$\pi = px - C(x) - \tau x$$

となります。この式を微分すると，この企業の課税後の供給曲線が

$$p = PMC(x) + \tau \tag{6.1}$$

と表されます。もともとの供給曲線が$p = PMC(x)$であったことを思い出せば，課税後の企業の供給曲線は，上にτの額だけ平行移動したものであることがわかります。

この様子を描いたのが**図表6−4**です。τの値，すなわち単位当たりの課税額が小さければ，供給曲線は小さくシフトします。逆に課税額が大きくなると，今度は大きくシフトします。よって適切な税額を選べば（ちょうど課税額と限界外部費用が一致するようにすれば），課税後の供給曲線が社会的最適点E^*を通るようになります。このとき，市場における取引量がx^*となり，経済にとって最も望ましい取引が実現します。

図表 6-4 ▶ ▶ ▶ ピグー税

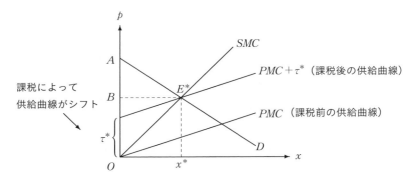

Column　**ワクチンと外部効果**

　アメリカでは，新型コロナウイルス感染症に対するワクチン接種がなかなか進まないことを受けて，自治体や企業がワクチン接種にインセンティブを与える事例が現れました。現金だけでなく，ビール券や遊園地のチケット，あるいは宝くじなど，さまざまなものがあるようです。このような動きに対して，ベイラー医科大学の教授で感染症の専門家であるピーター・ホテズはこうツイートしました（2021年4月27日 @PeterHotez）。

　「ワクチンの接種に賄賂が必要だなんて，不愉快ですね」

　皆さんはこのつぶやきにどのような感想を持つでしょうか。

　天然痘，ペスト，コレラなど，人類はその歴史の中でさまざまな感染症と闘ってきました。基本的には人類の防戦一方だったのですが，抗生物質の発見とワクチンの開発によって状況は劇的に変わりました。われわれはようやく，細菌やウイルスに対抗する武器を手にすることができたのです。ホテズは先人たちの苦労を誰よりも知っているので，上記のようなつぶやきが出てしまうのでしょう。

　ある人がワクチンを接種すると，その人が病気にかかりにくくなるだけでなく，周りの人たちもその人から病気をうつされにくくなるという効果があります。これは一種の外部経済です。本文で説明した通り，外部経済を伴う行動を各個人の自由意思に任せても，社会的に望ましい水準には至りません。ワクチン接種の場合は注射の痛みや副作用のリスクがあるからなおさらです。このような状況では，お金を渡してでもワクチン接種を増やすことが社会的な最適解になり得ます。

　倫理的に，あるいは感情的に「お金をもらわないと接種しないなんて浅ましい」と思う気持ちはわからないでもないのですが，ホテズがつぶやきの対象としたアメリカの政策は，実は経済学的には合理的であると言えるのです。

外部不経済が市場の失敗をもたらす原因は，外部不経済の出し手が本来負担すべき費用を，他人に転嫁してしまうところにありました。その結果，外部不経済の出し手は自己の費用を過小にとらえて，過大な生産をしてしまうのです。そこで，政府の出番がやってきます。政府が生産者に課税という形で外部不経済の対価を支払わせれば，社会的に最適な取引が実現可能になります。このような税のことを，その提唱者の名前（A. C. Pigou）から**ピグー税**と言います。

ピグー税の論理は，外部経済のケースでも成立します。外部経済のケースでは，その財の消費者・生産者は周りに良い影響を与えているにもかかわらず，その影響の対価を受け取れません。その結果，市場での取引が過小になってしまいます。そこで，本来彼らが受け取るべき報酬を，政府が補助金（マイナスの課税）という形で補填してあげれば，社会的に望ましい量の財が取引されるようになります。**図表６−３**を利用して，そのことを確かめてみてください。

5.2 ピグー税の問題点

以上のように，理論的にはピグー税を課すことによって社会的に最も望ましい取引を実現することは可能です。しかし，現実的な運用を考えた場合には，やはりいくつかの困難が生じます。

まず，適切な税額（税率）を設定するためには，需要曲線，私的限界費用曲線，社会的限界費用曲線に関する情報が必要です。しかし，これまでに何度か指摘してきたように，このような情報を政府が正確に理解していると考えるのは無理があるでしょう。特に，環境問題のように長い期間にわたって影響が生まれるようなものに関しては，今の技術や費用だけでなく，それらが将来どのように変化するかについてもわからなくてはいけません。

次に，余剰分析ではその大きさだけが議論の対象となりますが，現実的には，その余剰がどのように分配されるのかというのも問題となります。ピグー税の理論は，それによって集められた税金をどのように使うべきかに関す

る答えを提供してはくれません。

　最後に，政策導入における政治的な問題もあります。例えば，喫煙による外部不経済を是正するためにタバコ税の引き上げが検討されているとします。これは，社会的余剰の改善という観点からすると正しいのですが，喫煙者にしてみれば自分たちの便益を引き下げるような政策でしかありません。となると，彼らはこのような政策に対して反対の立場をとるでしょう。そして，喫煙者が大きな力を持つようなケースでは，このような政策は実行されないことになってしまいます。

6 コースの定理

6.1 コース vs. ピグー

　ピグーは，市場のメカニズムや各主体の自由な意思決定に委ねても外部効果の内部化はできないと考え，政府が課税による内部化をする必要があると主張しました。

　迷惑をかける人がいたらお上が取り締まらなくてはいけないという主張は，非常にわかりやすく，私たちの常識的な感覚にピッタリと合います。そのためか，ピグー税という概念が提唱されて以来，数十年にわたって，外部効果の是正には政府の介入が不可欠であると信じられてきました。しかし，1960 年にコース（R. H. Coase）がこのピグーの主張を否定するような論文を発表します。

6.2 所有権

　コースは，当事者同士が交渉をすることで外部効果が内部化される可能性を示しました。例えば先ほどと同様に，ある工場が周りの住民に騒音で迷惑をかけているとしましょう。もともと，住民たちが先にその土地に住んでお

り，工場は後からきた新参者のため，住民たちの怒りは非常に強いとします。そして，彼らは工場の経営者に向かってこう言います。「私たちはあなた方の行動のせいで非常に迷惑をしている。その被害に対応する義務があなたたちにはあるはずだ。是非とも誠意ある返答をしていただきたい」。

　工場側は，自分たちの行動が周りに迷惑をかけているということをうすうす知っていたので，あっさりとその申し出を受け入れたとします。そして，住民に対して被害の分だけ補償金を出すということで合意したとしましょう。

　近代社会の中で，私たちにはいろいろな権利が与えられています。そのような権利は多岐にわたるので，ある権利が別の権利を侵害するということは珍しいことではありません。例えば，日本の成年にはタバコを吸う権利が認められていますが，この権利は往々にして副流煙を吸わされたくないという権利と相反します。表現の自由に関する権利はプライバシーに関する権利と対立するかもしれませんし，ある人の家を建てる権利は他人の日照権を侵害するかもしれません。上の工場のケースも同様で，財を生産する権利と，静かに暮らす権利がバッティングしたのだと考えられます。外部不経済とは要するに，それぞれの権利が衝突してしまったときに発生するものなのです。

　さて，そのような権利の衝突が起きたときに，ある人（仮にAさんと呼びましょう）の権利が別の人の権利より優先されるという世間的な常識，または法的機関による認定があったとしましょう。このような状態を経済学では「Aさんに**所有権**がある」という言い方をします。上に挙げた工場の例は，「住民に所有権がある」ケースと言えます。ちなみに，辞書で所有権という言葉を調べると「物を支配する権利」という意味が出てきますが，経済学で所有権と言う場合にはもう少し広い意味で使いますので注意してください。

6.3　交渉による内部化

　話を戻しましょう。所有権が住民にあるケースでは，工場の行動はどのように変わるでしょうか。企業の生産によって住民側に発生する外部費用の大

きさを $N(x)$ と表します。これは工場の騒音によって生まれる物理的・精神的な負担を金銭評価したもので，**図表6-2**で言えば，PMC と SMC の間の面積にあたります。工場の生産量 (x) が増えれば被害額も大きくなるので $N'(x) > 0$ です。

交渉により，企業が被害額を丸ごと補償する場合，補償金を支払った後の工場の利潤は

$$\pi = px - C(x) - N(x)$$

となります。ここから企業の最適化行動を導出すると，補償後の供給関数が導出されます。

$$p = PMC(x) + N'(x) \tag{6.2}$$

ここで $N'(x)$ が限界外部費用を表していることを思い出すと，交渉後の企業の供給関数は私的限界費用に限界外部費用を足したもの，すなわち社会的限界費用に一致することがわかります（**図表6-1**）。その結果，企業の自発的な供給は，外部不経済がある場合でも社会的最適を実現することになります。

以上のように，何らかの形で企業の限界費用曲線を上にシフトさせることができるのであれば，その方法が課税であっても交渉であっても結果は同じです。つまり，わざわざ政府が課税という形で介入しなくても，外部不経済の出し手と受け手の交渉が行われれば社会的に最適な取引を実現可能なのです。

6.4 被害者が損失補塡をしたら？

「たとえ外部効果が存在しても政府の介入は不要である」という発見をしただけでもコースは偉大なのですが，上の議論からさらにもう1つ重要な結論が得られます。

先ほどは，「住民がその土地に先に住んでおり，工場が後から建てられた

ケース」を扱いました。ここではその設定を変えて，「もともと工場が稼働していたところに住民が後から住むようになったケース」を考えてみましょう。つまり，これは「所有権が工場にあるケース」と言えます。工場は昔からずっと騒音を出していたのですが，周りに人がいなかったので誰も気にとめませんでした。しかし，宅地開発などによって人が住むようになると，問題が起こります。

このようなケースでは，住民はなかなか強く出ることができません。もともと，家を建てる前に不動産屋さんに「近くに工場があって少々うるさいですよ」という説明はされており，それを承知で買ったので，今さら苦情を言うのも気が引けます。しかし現状に耐えるのも辛いので住民側は仕方なく，工場側に次のようなお願いをすることにします。

「騒音のレベルを下げるために，生産量を少なくしてもらえないでしょうか。もちろんタダでとは言いません，利潤が減ってしまう分は私たちが補填します」

ここで，何で被害を受けている側がお金を払ってお願いしなくてはいけないの？という至極まっとうな疑問が浮かんでくるのですが，とりあえずその疑問はさておいて，そういう状況になったら何が起きるのかという問題だけを考えていきます。

工場側としては，同じ利潤を確保できるなら問題ないということで，住民側の要望を受け入れることにします。そのうえで，住民に対してどこまで生産量を減らして欲しいのかという質問をします。

仮に交渉前の工場の生産量を x_0 と表すと，交渉前の段階で工場は $\pi(x_0) = px_0 - C(x_0)$ の利潤を得て，住民側に $N(x_0)$ の被害が生まれることになります。ここから工場の生産量を $x(<x_0)$ まで引き下げてもらったとしましょう。このとき，工場の利潤は $Q = \pi(x_0) - \pi(x)$ だけ減ります。住民はこの額を工場に補填しなくてはいけないわけですから，この Q が住民にとって生産量を減らしてもらうことの費用になります。一方で，住民の被害は $V = N(x_0) - N(x)$ だけ軽減されます。言い換えれば，住民は交渉によって V の便益を得ることになります。

住民は，生産量を減らしてもらうことで生じる純便益，すなわち

$$NB = V - Q$$
$$= [N(x_0) - N(x)] - [\pi(x_0) - \pi(x)]$$

を最大にするような x を要請します。$\pi(x_0)$ や $N(x_0)$ が定数であることに注意すると，純便益を最大化するための一階の条件は

$$\frac{dNB}{dx} = -N'(x) + p - \frac{dC(x)}{dx} = 0$$

となり，これを変形すると，最終的に次の式が得られます。

$$p = PMC(x) + N'(x) \tag{6.3}$$

これが，住民が企業に要求する供給スケジュールです。見て明らかなように，これは（6.2）式と全く同一です。つまり，騒音という外部不経済に対して，所有権がどちらにあっても，交渉後の供給は全く同じになるのです。

ある主体が別の主体に迷惑をかけたとき，私たちは常識的に，「迷惑をかけるほうがかけられたほうに賠償すべきである」と考えます。しかしコースは，効率性の観点からすれば，そんなことはどちらでもかまわないと言います。迷惑をかけた側が払っても，迷惑をかけられた側が払っても，社会的に最適な供給が実現するという点では同じなのです。

6.5 「コースの定理」の意義

ここまでの議論を整理しましょう。外部不経済に対するコースの主張は次の2点です。これらは，コースの同僚のスティグラー（G. J. Stigler）によって**コースの定理**と名づけられました。

(1) 外部効果に対して当事者同士が損害賠償の交渉をすれば，政府の介入なしに社会的に最適な取引を実現しうる。

(2) 所有権がどちらにあるかが決まれば，その所有権に応じた交渉が自発的に始まる。そして，所有権がいずれにあるケースでも最終的には社

会的に最適な取引が実現する。

この定理が後世に与えた影響は計り知れません。まず，経済学の分野において「所有権」の重要性が認識されたのはコースの貢献です。そしてここから，新制度学派という新しい考え方が生まれ，政治学や法学などにも経済理論が応用されるようになりました。コースはこれらの研究の最初の足がかりを作ったと言えます。余談ですが，本来は経済学の領域でない分野に経済学者が経済学的手法を用いて進出していくことを「経済学帝国主義」と（やや批判的に）言う人がいます。その流れからすると，コースは経済学帝国主義の嚆矢と言えるかもしれません。

また，迷惑を売買するという発想から排出権取引という考え方が生まれました。これは，地球温暖化や環境汚染などの問題に対して総量を規制したり，排出量削減のコストを小さくしたりするのに有効であると考えられています。ここでそのメカニズムについて詳しく説明する余裕はありませんが，この排出権取引という考え方の背景にコースの定理があるということは覚えておいたほうが良いでしょう。

6.6 コースの定理の現実性

コースの定理を初めて学んだとき，少なからぬ学生が不快感を示すようです。被害や迷惑に価格をつけるという「非人道的な」発想や，被害者が費用を負担して解決する方法もあるという「非常識的な」提案が感情的に受け入れられないのでしょう。

気持ちはわからなくもないのですが，これらの批判には大きな誤解があります。まず，金銭評価そのものは決して悪いことではありません。リンゴを食べたときの喜び，道路ができたときの利便性，仕事で時間を拘束されたときの不効用など，嬉しいという気持ちや辛いという気持ちを測定可能な単位に変換することで，さまざまな現象や政策の比較が可能になります。それは被害や迷惑に対しても同様で，これらを金銭評価することが「非人道的」であると言ってしまうと，そもそも議論自体が成立しなくなってしまいます。

また，所有権の問題についても，結果が変わらないと言っているのはあくまでも「社会全体の効率性という観点では」という注意書きがあることに注意してください。決して「それぞれの主体に与える影響は変わらない」とか，「公平性の観点からしても結果は変わらない」と言っているわけではありません。どちらに所有権を与えるかは，公平性や歴史的な経緯などの観点から政治的に決められるべきものです。

　コースの定理の問題点は，むしろその前提条件にあります。ここで紹介した経営者や住民は非常に物わかりの良い人たちばかりでしたが，現実的にはそんなわけにはいきません。相互の主張の理解には時間がかかるでしょうし，最初から開き直って相手の言うことに耳を貸さない人も少なからずいるはずです。つまり，交渉すると言っても，それが成立するとは限らないのです。

　また，仮に成立したとしても物理的・時間的・精神的な費用がかかります。場合によっては，それらが莫大になったりすることもあるでしょう。**交渉費用**が大きなケースにおいては，コースの定理は成立しません。コース自身もそのことは認めていて，その著書の中で交渉費用の重要性について繰り返し強調しています（コース［1992］）。

　そもそも，交渉そのものが不可能なケースもあります。自動車による排気ガスや騒音の被害があったとして，被害者は誰と交渉すればよいでしょうか。地球温暖化問題のような問題では，誰が被害者で誰が加害者なのでしょうか。このような問題に関して，自発的な交渉の発生を期待するのは無理があります。その場合には，やはり何らかの形で政府の介入が必要となります。外部不経済に対してピグー的立場をとるかコース的立場をとるかという二元論で議論するのではなくて，両者の特徴と問題点を理解したうえで，ケースバイケースで対応していくことが重要なのでしょう。

7／統合・合併

　外部効果をその影響の出し手と受け手の組み合わせで分けた場合，いくつ

かのパターンが考えられます。工場の騒音や大気汚染というのは，生産者が周囲の住民に影響を与えるケースです。一方，タバコの煙や自動車の排気ガスは，消費者が周囲の人々に影響を与えるケースです。そして，生産者が他の生産者に影響を与えるケースもあります。この最後のケースに有効なのが，統合・合併という手段です。

ある財を生産する企業の工場と，別の企業のビルが並んで建っているとします。生産に伴って工場から煙が出ており，その煙が隣のビルの壁を黒く汚しているとしましょう。その汚れを取るために定期的な清掃が必要なのですが，現段階ではビル側がその費用を負担しているものとします。工場の生産が市場を通さずに隣のビルに悪い影響を与えているので，これは外部不経済です。

ここで，工場の生産量を x_1 とし，その生産物の価格を p_1 で表しましょう。また，隣のビルでは別の財が生産されており，その量を x_2，価格を p_2 とします。そして，工場の生産に伴って発生するビルの清掃費用を $g(x_1)$ で表します。工場の生産量が増えるとビルの清掃費用も高くなるので，$g'(x_1) > 0$ です。

工場の利潤は今まで通り $\pi_1(x_1) = p_1 x_1 - C_1(x_1)$ です。一方，ビルの利潤は工場側の生産量にも影響を受けるので $\pi_2(x_2, x_1) = p_2 x_2 - C_2(x_2) - g(x_1)$ となります。仮に両者が独立に意思決定をすると，それぞれの供給曲線は

$$工場：p_1 = PMC_1(x_1)$$
$$ビル：p_2 = PMC_2(x_2)$$

となります。工場が価格と私的限界費用を一致させているということは，ビルに対する外部不経済を考慮していないことを意味します。

ここで，何らかの事情で2つの経営主体が統合し，1つの法人になったとしましょう。すると，統合された企業の利潤関数は次のように表されます。

$$\Pi(x_1, x_2) = \pi_1(x_1) + \pi_2(x_2, x_1)$$
$$= p_1 x_1 - C_1(x_1) + p_2 x_2 - C_2(x_2) - g(x_1)$$

新しい経営主体はこの利潤関数を最大化するように工場とビルでの生産を行います。そこで，この式を x_1 と x_2 で偏微分すると

$$\frac{\partial \Pi}{\partial x_1} = p_1 - \frac{dC_1(x_1)}{dx_1} - \frac{dg(x_1)}{dx_1} = 0 \tag{6.4}$$

$$\frac{\partial \Pi}{\partial x_2} = p_2 - \frac{dC_2(x_2)}{dx_2} = 0 \tag{6.5}$$

という 2 本の式を得ます。これらを変形すると

$$p_1 = PMC_1(x_1) + g'(x_1) \tag{6.6}$$
$$p_2 = PMC_2(x_2) \tag{6.7}$$

となります。ビル側の供給関数は変わりませんが，工場側の供給関数は限界外部費用の分だけ上にシフトします。(6.6) 式は (6.2) 式と同じ形になっています。つまり，外部不経済の出し手と受け手が統合・合併をすると，交渉することと同じ効果が得られ，外部不経済の内部化が可能になります。

このような手法は，現実的には外部不経済よりも外部経済のケースで活用されています。例えば，母親向けの娯楽サービス（演劇，コンサート，あるいは美容サービスなど）と託児所の関係を考えてみましょう。小さな子供を持つ母親が出かけるようになると，託児所やベビーシッターの需要が増えると考えられます。逆に，託児所が充実してくると母親が気軽に外に出やすくなるため，娯楽サービスの需要が増えるという面もあります。つまり，母親向けの娯楽サービスと託児所はともに外部経済を与え合っている関係と見ることができます。

このようなケースで両者がバラバラに行動を決定すると，それぞれの供給が過小になってしまいます。しかし両者が経営統合すれば，外部効果を互いに吸収し合うことが可能になり，両者の供給量が増えるため，消費者にとってはもちろん，企業にとっても望ましい結果が生まれます。近年，託児所を内部に開設するサービス産業が増えてきました。その背景には外部効果の内部化という側面もあるのです。

　皆さんの周りに存在する外部効果の具体例を挙げたうえで，それにどのような対策が実施されているかについて調べてみよう。

　1990 年以降，多くの国で環境税が導入されている。このことによるメリット・デメリットをそれぞれ確認し，環境税の導入の是非について議論してみよう。

1.　図表 6−2 において，E^* 以外のどこか 1 点をとり，そこでの社会的余剰が E^* における社会的余剰よりも小さいことを示せ。

2.　ある企業が騒音・汚染のような外部不経済を伴う財を生産しているとする。企業がその財の生産のために必要な限界費用は $p=x+10$ と表されるが，社会的な限界費用関数は $p=2x+10$ であるとする。消費者の需要関数は $p=190-x$ であるとして，以下の問いに答えよ。

　(1)　競争均衡を求め，その様子を図示せよ。

　(2)　競争均衡における消費者余剰，生産者余剰と外部費用の大きさを求め，社会的余剰を計算せよ。

　(3)　社会的余剰を最大化する供給量とそのときの価格を求めよ。

　(4)　(3) における消費者余剰，生産者余剰，外部費用，社会的余剰を求めよ。

　(5)　外部性を内部化するために，政府が財の供給に対して課税したとする。社会的余剰を最大化するためにはどのような税をかけるべきか。具体的な数値を用いて答えよ。

　(6)　課税後の消費者余剰，生産者余剰，外部費用，税収入，社会的余剰をそれぞれ計算せよ。

3.　ある企業が生産をすることで，周りの住民に迷惑をかけている状況を考える。その結果，x の生産に対して $N(x)=\frac{1}{8}x^2$ の被害が住民に生まれるとしよう。財の生産に必要な私的費用関数が $C(x)=\frac{1}{4}x^2$，市場における財の価格が $p=30$ であるとして，以下の問いに答えよ。

　(1)　規制も交渉もないケースでの生産量を求めよ。

　(2)　(1) における企業の利潤と，外部費用をそれぞれ求めよ。

(3) 住民に所有権があるとすると，どのような交渉が始まり，そしてその結果どのような生産がなされるようになるか。

(4) (3)のケースにおける利潤，外部費用をそれぞれ求めよ。

(5) 企業に所有権があるとすると，どのような交渉が始まり，そしてその結果どのような生産がなされるようになるか。

(6) (5)のケースにおける利潤，外部費用をそれぞれ求めよ。

(7) 政府が社会的余剰最大化を目指して企業に従量税を課したとする。望ましい課税額はいくらか。

(8) (7)のケースにおける利潤，外部費用，税収入をそれぞれ求めよ。

4. 本文中にある母親向けの娯楽サービスと（サービス 1）と託児サービス（サービス 2）の関係について考えてみよう。それぞれのサービスの取引量と価格を x_i, p_i で表し，両サービスを供給するための費用関数を $C_i(x_i)$ とする（i =1, 2）。また，それぞれのサービスは互いに外部効果を持ち，娯楽サービスの消費が発生すると託児所の利益が $h_2(x_1)$ だけ増え，託児サービスの消費が発生すると娯楽サービスの利益が $h_1(x_2)$ だけ増えるとする。

これらのサービスでは，2つの企業が独立に生産するよりも，合併したほうが効率であることを説明せよ。

▶ ▶ ▶さらに学びたい人のために ─────────

●奥野信宏［2008］『公共経済学（第 3 版）』岩波書店。

●林正義・小川光・別所俊一郎［2010］『公共経済学』有斐閣。

●坂井豊貴［2016］『決め方の経済学』ダイヤモンド社。

●土居丈朗［2018］『入門公共経済学（第 2 版）』日本経済評論社。

●佐藤主光［2018］『公共経済学 15 講（ライブラリ経済学 15 講 APPLIED 編）』新世社。

●栗山浩一・馬奈木俊介［2020］『環境経済学をつかむ（第 4 版）』有斐閣。

─────────────────────────────────

参 考 文 献

●R. H. コース著　宮沢健一他訳［1992］『企業・市場・法』東洋経済新報社。

7 自然独占

▶独占禁止法が制定されているのはなぜか。

▶日本では基本的に独占は認められていないが，電力産業やガス産業のように，政府が特定の企業に（地域的な）独占を認めるケースも存在する。その理由は何か。

▶政府が特定の企業に独占を認めることの問題点は何か。

独占の弊害　規模の経済　平均費用逓減産業　自然独占

1 ／ ミカンで巨万の富を築いた男

　紀伊國屋文左衛門という人を知っていますか。江戸時代の紀州（和歌山県）の豪商で，あまりにも伝説的な儲け方をしたために，歴史小説やドラマなどでたびたびそのエピソードが紹介される人物です。かつて三波春夫さんが唄に歌ったこともあります。

　言い伝えによると，彼が 20 代の頃に台風が頻繁に上陸するということがあったそうです。その結果，西日本から東日本への海上交通がストップしてしまい，輸送ができなくなりました。紀州から江戸へ行く船も例外ではなく，江戸では極端なミカン不足が起きたと言われています。

　そんな情報を耳にした文左衛門は，一世一代の賭けに出ます。紀州のミカンを買い占め，高いお金を払って乗組員を確保し，船をかき集めて大嵐の海に出ました。目指すは江戸。決死の覚悟だったでしょう。

　船乗りにとって嵐の日に出航することほどのタブーはないと言いますか

ら，恐らく何度も何度も死ぬような目にあったはずです。しかし，さまざまな苦難を乗り越え，文左衛門はとうとう目的地にたどり着きました。江戸の人々はそんな彼の姿に感動し，彼が現れたときの様子をかっぽれの唄に残します。

「沖の暗いのに白帆が見える。あれは紀の國みかん舩」

彼は賭けに勝ちました。江戸の市民はこぞってミカンを求め，その価格は通常の 30 倍にもなったと言われています。そして文左衛門は巨万の富を築きました。

その後も彼は，吉原の遊郭で豪遊したり，明暦の大火の際に木材を買い占めてまたまた大儲けしたりと，何かと話題になりました。晩年は貨幣の鋳造事業に失敗し，寂しい余生を送ったとのことですが，そのロマンあふれる生き方は未だに語り継がれています。

2 / 独占とは

文左衛門が大金持ちになれた背景にはいくつかの要素があります。情報に機敏だったこと，リスクに敢然と立ち向かったこと，「ふいご祭り」でミカンの需要が大きくふくれあがっていたことなどです[1]。しかし，何よりも大きかったのはミカンの供給者が他にはいないという**独占**状態であったことでしょう。

これまで明示的に説明しませんでしたが，今までの議論は完全競争市場を想定していました。完全競争市場とは次の4つの条件を満たしている市場のことです。

(1) 市場への参加者が多数存在する

(2) 皆が同じ品質の財を扱っている

(3) 皆が完全な情報を共有している

(4) 市場への参入障壁がない

しかし，現実の世界でこのような市場に出会うことはなかなかありませ

ん。どの市場もこれらの条件の1つや2つは満たしていないものです。例え
ば自動車市場にはさまざまな供給者が存在しますが，それぞれが扱っている
自動車のデザイン，大きさ，乗り心地，エンジン性能などには違いがありま
す。つまり，自動車市場において財は同質ではありません。同じ自動車でも，
中古車の場合はさらに複雑です。新車に比べれば，中古車は当たり・外れの
大きな財です。事故歴や，エンジン・足回りのトラブルなどを，買い手が購
入前に把握するのは容易ではありません。つまり，中古車市場では情報の完
全性が成立していません。

　また，多くの市場では「市場の参加者が多数」という条件が満たされてい
ません。例えば，国内のビール市場における供給はほぼ4社によって賄われ
ています。国内航空，ウイスキー，パソコンのOS，プリンタなども少数の
企業によって供給がなされている市場としてよく例に挙がります。

3 / 独占の弊害

3.1 図による説明

　不完全競争市場の中でも，供給者が1人しかいない市場を独占市場，供給
者が少数の市場を寡占市場と呼びます。不完全競争市場の分析は完全競争市
場に比べると難しいので，詳細は産業組織論等の専門書にゆずるとして，こ
こでは政府の役割に最も関連する独占市場を扱うことにしましょう。なお，
独占と言った場合，厳密には需要者が1人しかいない「買い手独占」のケー
スもあり得るのですが，ここでは「売り手独占」に限定して話を進めること
にします。

　これまでに前提としていた完全競争市場は，極めて小さな企業が無数に集
まることによって成立している市場です。このような市場では，仮に1人の
供給者が供給量を変化させたとしても，市場全体の供給量はほとんど変化し
ません。そのため，この供給者が市場全体の価格を動かすこともできません。

自分たちの意思で価格を決めることができないという意味で，完全競争市場における企業はプライステイカー（価格受容者）と言われます。

　一方，独占企業はその市場における唯一の供給者です。他にライバルはいないので，その行動の変化がそのまま市場の変化につながります。つまり，独占企業は自らの意思で市場全体の供給量をコントロールでき，その結果として価格をもコントロールできます。そこで，独占企業はプライスメーカー，またはプライスセッター（価格決定者）と言われます。文左衛門のミカンの価格が通常の何倍にもなったことの背景には，こんな論理があります。

　と言っても，独占企業が自由に価格を決められるわけではありません。需要者の支払い意思額を上回る価格をつけたとしたら，誰もその財を買ってくれなくなります。そこで，独占企業は消費者の限界評価，つまり需要関数を考慮しながら供給量と価格を決定することになります。

　図表7−1を見てください。ここには，ある市場における需要曲線と市場全体の限界費用曲線が描かれています。仮にこの市場が完全競争的なら，取引が行われるのは E 点であり，そのときの価格は OB の高さで表されます。

　一方，独占市場の場合，E 点での取引は行われません。独占企業は，自分が供給を抑制すれば市場で超過需要が起こり，価格がつり上がることを知っているからです。厳密な議論は後回しにして，その理由の大雑把なイメージ

図表 7 – 1 ▶ ▶ ▶ 独占の弊害

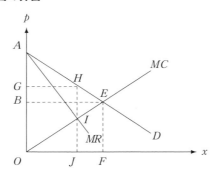

を確認しておきましょう。仮に独占企業が F まで供給をしたとすれば，生産者余剰は $\triangle BEO$ となります。一方，J まで供給を引き下げると，価格が OG まで上がり，生産者余剰の大きさが $\square GHIO$ となります。図を見ながら両者を比べると，後者のほうが大きいことがわかるでしょう。生産量を抑えれば利潤が大きくなるのですから，独占企業には E 点まで供給するインセンティブが存在しないのです。

第2章で見たように，競争均衡における供給は社会的余剰を最大にするということでした。しかし，上の議論のように，独占企業はそれよりも少ない供給しかしようとしません。そのため，社会的余剰は本来得られるはずのものより小さくなり，**独占による死荷重**が発生してしまいます。このような事態を防ぐためにも，政府は法律によって独占を禁止しなくてはいけません。現在の日本に独占禁止法が制定されている背景には，このような理論があります。

なお，独占市場に関するもう1つの重要な問題として，X非効率性と呼ばれるものがあります。これについては第8章の **2** で紹介します。

3.2 数学を用いた議論

前項で見た独占企業の行動を，ここでは数式を用いて厳密に確認しましょう。完全競争市場において，各企業の行動は $p=MC$ と表されました。ここで，この式を導出する際の前提条件として，p を一定としていた（プライステイカー）ことを思い出してください。

一方，独占企業は市場の価格をコントロールできます。独占企業は需要関数 $p=D(x)$ を考慮しながら利潤を最大にするので，その最適化行動は以下のように表されます。

$$\max_{x} \quad \pi = px - C(x)$$
$$= D(x)x - C(x)$$

これを解くために利潤関数を微分してゼロとおくと

$$\frac{d\pi}{dx} = D(x) + x\frac{dD(x)}{dx} - \frac{dC(x)}{dx} = 0 \tag{7.1}$$

を得ます。ここで

$$MR(x) = D(x) + x\frac{dD(x)}{dx} \tag{7.2}$$

とおきましょう。これは企業の収入関数 $R(x) = px = D(x)x$ を微分したものなので，限界収入関数と呼ばれます。(7.2) 式を用いて (7.1) 式を書き換えると，

$$MR = MC \tag{7.3}$$

という式が導かれます。これが独占企業の行動を表す式です。

　(7.2) 式を見ると，限界収入曲線 $MR(x)$ は需要曲線 $D(x)$ に $xD'(x)$ を足した形になっています。一般的に $D'(x)$ は負の値をとるので，任意の x について，$MR(x)$ は $D(x)$ よりも常に小さな値をとります。ただし，$x=0$ のときだけ $MR(0) = D(0)$ が成立します。よって，限界収入曲線は需要曲線と同じ切片を持ちながら，常に需要曲線の下に位置する曲線として描かれます。

　(7.3) 式は，独占企業は限界収入と限界費用が一致するところで供給量を決めるということを意味しています。つまり，この市場における供給量は OJ になります。そして，前項で確認したように，これは競争均衡よりも小さな社会的余剰しか生み出すことはできません。

3.3　独占問題は現実的か？

　以上のように，独占市場には弊害が存在するとされています。しかしながら，現実的にはそれほど頻繁に独占の弊害が発生するわけではありません。

　その理由の第1は，長期的な独占維持の困難さです。現実の経済で，ある企業が短期的に高いシェアを獲得するのは珍しいことではありません。特に，高度な技術や斬新なアイデアを有する企業は，しばらくの間その市場を支配することができます。しかし，その状態を長期間にわたって維持し続け

るのは大変です。後発の企業が模倣や研究開発をすることで，先発の企業に
追いついたり，あるいは追い越したりすることもあるからです。例えば，
1980年代後半から90年代前半における家庭用ゲーム機市場では，任天堂が
80％以上のシェアを誇っており，独占といっても過言ではない状態でした。
しかし，1994年にソニー・コンピュータエンタテインメント（SCE）がプ
レイステーションを発売すると，その後は競合状態になります。スマートフ
ォン市場においても，2007年に最初のiPhoneが登場したときはアップルの
独占状態でしたが，その後は多くのメーカーが独自のスマートフォンを開
発・製造しています。このように，他企業の参入が自由なケースでは，1つ
の企業が長期的に市場を支配し続けることは難しいのです。

　理由の第2は，代替的なサービスの存在です。例えば，ある地域にラーメ
ン屋さんが1軒しかないとしましょう。つまり，その地域のラーメン市場は
独占状態にあるということになりますが，だからといってそのラーメン屋さ
んが自由に価格をコントロールできるわけではありません。なぜなら，その
ラーメン屋さんが高い価格をつけようとすると，消費者はラーメンではな
く，寿司，カレー，パスタなどの他の外食産業に移動してしまうからです。
あるいは自宅でラーメンを作る人も出るかもしれません。いずれにせよ，た
とえ1軒しかないラーメン屋さんとはいえ，他に代替財があれば，それほど
強い価格支配力を持つことはできないということになります。

4 自然独占

4.1 長期的に維持可能な独占

　市場での供給者が1人だけのケースでも，潜在的なライバルや代替産業が
存在しているのならば，独占の弊害は限定的なものになります。しかし，次
の2つの場合には，新しい参入者が存在し得ず，長期的に独占が維持される
と考えられています。

（1）政府によって，他企業の参入が認められていない場合

（2）**規模の経済**が存在する場合

（1）の具体例としては，特許制度があります。新しい技術や財の開発に特許を認めなければ，誰も大金を投入して研究・開発をしなくなってしまいます。これは市場の活性化や私たちの生活の改善という観点から大きな損失になりますので，その独占を認めています。このように，政府の規制が存在する場合に独占が維持されるのは自明でしょう。

経済学で問題となるのは（2）のケースです。独占の中でも特に，規模の経済が原因で発生する独占を**自然独占**と言います。以下では，自然独占の成立や問題点について議論をしていきます。

4.2 規模の経済

企業や産業全体の生産量が増えるにつれて，その生産が効率的になることを規模の経済と言います。生産の効率性と費用は表裏一体ですから，規模の経済が発生するということは，生産量の増加とともに平均費用が低下することを意味しています。このような現象を**平均費用逓減**と言います。

例えば，原材料を一括購入すると，売り手側が値引きをしてくれたり，まとめて運ぶことで輸送コストを抑えることができたりします。これは規模の経済，あるいは平均費用逓減の1つの例です。

生産における学習効果があるようなときにも，同じことが言えます。人間は学習する生物ですから，経験を増やすことで物事を効率的に進められるようになります。企業が生産する場合でも，生産量を増やしていく過程でいろいろな知識が蓄積し，新しい生産スタイルを確立することができます。また，三人寄れば文殊の知恵という格言にもあるように，多くの人がその作業に従事する中で新たに発見されるノウハウもあるはずです。このような特徴が顕著な産業では，生産規模とともに生産効率が上がります。

そして，固定費用の大きなケースでも規模の経済が働きます。例えば鉄道

の場合，線路の敷設や車両の購入，駅の建築などに巨大な初期投資が必要になります。また土地代，維持管理費用などの固定費用も巨額です。これらに比べれば乗客が増えたときの追加的な費用は微々たるものですから，乗客の数が増えれば増えるほど客1人当たりの平均費用は減少していきます。同じことは電力やガスのような産業にも当てはまります。

4.3　自然独占

　縦軸に平均費用，横軸に生産量をとった平面を考えましょう。規模の経済が存在するような産業では，生産量が大きくなるにつれて単位当たりの費用が小さくなっていきます。つまり，平均費用関数 $AC(x) = C(x)/x$ は右下がりに描かれます。

　図表7−2を見ながら，このような産業の特徴を見ていきます。今，仮に x_0 の生産をする小企業と x_1 の生産をする大企業が競合しているとします。このとき，大企業は1単位当たり AC_1 という費用で生産できるのに対し，小企業は1単位当たり AC_0 という費用が必要になります。両者の財の質が同じだとすると，この状態では小企業に勝ち目はありません。その結果，小規模生産者は市場から退出せざるを得なくなります。

　ここでは2企業しか存在しないケースを考えましたが，企業数が増えたと

図表 7 − 2 ▶ ▶ ▶ 平均費用逓減産業の特徴

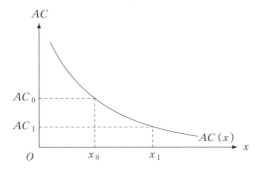

本文でも述べたように，電力産業というのは典型的な自然独占産業ですが，近年その様子が変化してきています。

火力発電，水力発電，原子力発電など，本来，発電には巨大な設備が必要でした。しかし技術革新により小規模で効率の良い発電が可能になると，電力産業，特に発電部門における規模の経済性に疑問の余地が出てきたのです。規模の経済が存在しなければ自然独占が成立せず，そのため規制は不要になります。このような流れを受けて，近年，世界中の先進国で電力産業の自由化が進められています。

日本も例外ではなく，1996年には電力の卸売制度を導入し，2000年には小売りの部分自由化を認めました。2007年にいったん完全自由化の議論が止まりましたが，2011年の東日本大震災とそれに伴う原発事故に伴って，再び電力自由化や発送電分離が進められています。

しかし，この30年の経験から，電力自由化に伴う弊害もいろいろと見えてきました。一部の国では，電力自由化で電力価格が上昇したり，停電が頻発に起きるようになったりするということもあるようです。

現在は，さまざまな事例に関するデータが蓄積している段階であり，各国は手探りで電力供給のあり方を模索しているところです。自由化とその弊害の因果関係について，はっきりとした結論を出すにはもう少し時間が必要でしょう。この件に関しては，長山[2020]が詳細な調査をしているので，興味のある人は参考にしてみてください。

しても同じことです。市場に何社の企業が存在していたとしても，小さな規模の企業から順番に淘汰されて，最終的には最大規模の生産者のみが生き残ります。このように，規模の経済，すなわち平均費用の逓減が原因で，「自然に」供給者が1人になってしまう状態を自然独占と言います。

自然独占も独占の一種ですから，当然，独占に伴う弊害を生み出す可能性があります。そこで，政府が強制的に競争をつくり出すことを考えたとしましょう。例えば，採算度外視でライバルの公企業を設立したり，参入企業に対してさまざまな優遇措置（免税，補助金の付与，既存企業からの技術供与を強制する法律の作成など）を与えてみたりするのです。

しかし残念ながら，このような政策で競争をつくり出したとしても，社会的に望ましい状況は生まれません。なぜなら，**図表7-2**のような状況において，複数の企業が供給をすれば，1つの企業が市場全体の需要量のすべて

を請け負うときよりも市場全体の平均費用が高くなってしまうからです。一般的に，競争的な市場は非競争的な市場に比べて効率的な生産を実現するのですが，平均費用逓減産業にはそれが当てはまりません。平均費用逓減産業では，競争よりも独占のほうがむしろ効率的なのです。

4.4　自然独占に対する 2 種類の対応

　ここまでの議論で平均費用逓減産業では，そもそも競争的な市場というのは成立し得ないし，仮に成立したとしてもそれは望ましいものではないということがわかりました。よって，この産業において競争を導入するという考えはあきらめなくてはいけません。しかし，競争のない市場では独占の弊害が生まれてしまいます。政府はこのジレンマの中で何らかの対応をとる必要があります。

　まず考えられるのは，自然独占企業の公有化です。これはかつてイギリスの電力産業などで行われていました。政府がその企業の株式を全額買い取り，価格や生産量に関する決定を直接行えば，独占企業による売り惜しみや価格のつり上げという懸念は不要になります。

　しかし，これで解決するほど問題は単純ではありません。経験的に理解できると思いますが，政府や公共部門による意思決定というのはさまざまな問題を生み出します。まず，民間による意思決定に比べれば，そのスピードは決して速いとは言えません。また，効率改善のインセンティブが存在しないため，コスト削減や財・サービスの品質向上といった努力がおろそかになりがちです。そして，社会的厚生の最大化という崇高な目的よりも，関係者の私的な欲求や，自らの所属する組織の維持，あるいは圧力団体の利益などが優先される可能性も否定できません。第 1 章の**3.4**でも見たように，これらをまとめて政府の失敗と言います。このような問題がある限り，単純に公営化をすれば良いという話にはなりません。

　もう 1 つの方法は，民間企業に独占を認める代わりに，生産量や価格などに規制を課すというものです。近年は電力・ガスの自由化が進んだため，競

争が導入されつつありますが，日本においては長らく，電力産業やガス産業でこの方式を取り入れてきました。

　公共部門による直接供給と，民間企業に対する独占の認可を比べると，経営のスピード化，効率化という点では後者が優れていると考えられます。また，採用，教育，人事，報酬などを柔軟に行ったり，社員にさまざまな効率改善のインセンティブを与えたりするという点においても民間企業のほうが有利でしょう。こういった理由から，1970年代以降，多くの先進国で公企業の民営化が進められてきました。日本でも国鉄・電電公社・専売公社のいわゆる三公社や，道路公団，郵政公社などが民営化されています。

　ただし，自然独占産業では，民間企業が経営する場合でも政府が関与しなくて良いというわけではありません。独占の弊害が発生しないようにするためには，価格や取引量に関する政府の規制が必要です。次章では，政府は自然独占産業に対してどのように関わるべきかを考えましょう。

Working
調べてみよう

　1980年代に国鉄，電電公社が民営化され，現在，電力，ガスの自由化が検討されている。かつては自然独占的と考えられていたこれらの産業で民営化・自由化が進められている背景には何があるか。調べてみよう。

Discussion
議論しよう

　電力の小売り自由化について，メリット・デメリットを比較しながら，その是非を議論してみよう。

Training
解いてみよう

1. 市場を独占している企業があり，その市場における需要関数は$p=150-2x$である。また，その財を生産するための費用は$C(x)=\frac{1}{2}x^2$であるとする。このとき，独占企業の供給量はいくつになるか。また，そのときの消費者余剰，生産者余剰，社会的余剰を求めたうえで，独占による死荷重を計算せよ。

2. ある産業に 2 つの企業が存在し，ともに同じ平均費用関数 $AC=(x-9)^2+5$ を持っているとする。

   (1) この平均費用関数を図に描け。

   (2) 今，この市場における需要が $x=10$ であるとする。この需要を満たすように，

   (i) 2 つの企業が半分ずつ生産する

   (ii) 1 つの企業がまとめて生産する

   という 2 つのケースをそれぞれ比較し，どちらが社会的により望ましいかを述べよ。

▶▶▶さらに学びたい人のために ───────────

● 春名章二［2004］「産業組織論」中央経済社。

● 奥野信宏［2008］『公共経済学（第 3 版）』岩波書店。

● 林正義・小川光・別所俊一郎［2010］『公共経済学』有斐閣。

● 花薗誠［2018］『産業組織論とビジネスの経済学』有斐閣。

● 小田切宏之［2019］『産業組織論─理論・戦略・政策を学ぶ』有斐閣。

【注】

1「ふいご祭り」とは，旧暦の 11 月 8 日に鍛冶屋や鋳物師などの金属加工業者が火の神様に感謝を捧げ，今後の安全と繁栄を祈願するための祭りです。当時の江戸には鍛冶屋の屋根からミカンを投げるという慣習があり，秋口にはミカンの需要が急激に増加したとのことです。

参考文献

● 長山浩章［2020］『再生可能エネルギー主力電源化と電力システム改革の政治経済学─欧米電力システム改革からの教訓』東洋経済新報社。

第7章 ● 自然独占

123

第 8 章

価格規制

▶電力やガスなどの公共料金はどのように決められているだろうか。

▶これらの料金決定に政府が関与することでどのような問題が発生するだろうか。

▶規制企業に費用削減の努力をさせるためにはどのような方法が有効か。

限界費用価格形成　平均費用価格形成　二部料金制　X非効率性
インセンティブ規制

1 すべての国が社会主義国になったら

　内輪受けという言葉があるように，何らかの形で集団が形成されると，その内部でのみ通用するようなジョークやユーモアが生まれます。逆に言えば，ある人がその集団の一員として馴染んだと言えるためには，そのようなネタを笑えるようになるということが必要なのかもしれません。

　経済学の世界にも「経済学ジョーク」があります。最も有名なのは，次のものでしょう。

　船が難破し，物理学者・化学者・経済学者の３人が無人島にたどり着いた。彼らの手元には缶詰があるが，残念ながら缶切りがない。何とかその中身を食べようと，それぞれが知恵を絞ることにした。最初に物理学者が発言した。「衝撃を与えることで缶を空けることができないだろうか」。次に化学者が言った。「熱を利用するという方法もある」。最後に経済学者が言った。「ここに缶切りがあると仮定しよう」。

経済現象は複雑なので，分析を簡単にするためにはさまざまな「仮定」を
おく必要があります。そのような分析手法が身についてくると，経済学者は
ついつい「○○を仮定しよう」という発言をするようになってしまいます。
このジョークは，このような経済学者の傾向をよくとらえているだけでな
く，「仮定」の無意味さが良い味を出していて，とても秀逸です。
　あるいは，こんなものもあります。

　　ある経済学部の卒業生が 20 年ぶりに母校を訪ねた。ちょうど期末試験
　のシーズンだったので，試験問題を見せてもらったところ，なんと 20 年
　前のものと全く同じだった。彼は驚いて「経済学はこの 20 年間，全く進歩
　していないのですか？」と聞いた。すると，教授はすまして答えた。「そんな
　ことはない。確かに問題は変わっていないが，答えが正反対になったのだ」。

　経済学の結論は仮定や前提に大きく依存します。そのため，10 年前には
正しいとされていた考え方が，10 年後には多くの人に否定されるというこ
とも珍しくありません。このジョークは，そんな特徴を背景としています。
　そして最後に，個人的に最も気に入っているものを紹介します。

　　ソ連が社会主義革命を起こし，計画経済を実施したとき，財の貿易価格
　をどのようにつけるのかが問題となった。市場で価格が決まる資本主義に
　対し，社会主義では中央当局が価格を決めなければならない。この難題に
　対して，優秀なソ連の官僚は，1 つの解決策を思いついた。それは，資本
　主義国で売られている類似商品の価格を参考にするというものである。
　　それを知ったあるアメリカの専門家がソ連の高官に次のような質問をし
　た。「あなた方は世界中で社会主義革命を起こそうとしているようですが，
　その理想が成就した場合，価格決定をどのようにするつもりですか？」。
　この意地悪な質問に対し，ソ連の高官はウインクをしながらこう答えた。
　「そのために，我々は一国だけ資本主義国として残しておくつもりなん
　だ」。

最後のジョークを理解するためには，市場の価格メカニズムの優秀さ，あるいは，人為的な価格決定の難しさを理解している必要があります。ここまで本書を読んできた皆さんであれば，その面白さもわかることでしょう。ただ，市場がどんなに優れた価格決定機構であっても，それを活用できないこともあります。その典型的な例が第7章で見た自然独占のケースで，このときには政府が財の価格や量を規制しなければなりません。つまり，政府はソ連の中央当局と同じ悩みを抱えることになります。しかも，ソ連の場合は他国の価格づけを参考にすることができましたが，自然独占のケースではそのような逃げ道もありません。さて，このようなとき政府はどうすれば良いでしょうか。

幸いにして，ソ連が社会主義革命を実現したときに比べると経済学も発展しています。価格規制や価格決定に関する理論は洗練され，深い洞察ができるようになりました。本章では，この問題に関するいくつかの考え方を紹介し，それぞれのメリット・デメリットを比較しながら規制産業における価格設定のあり方について考えていくことにしましょう。

2 限界費用価格形成

第2章の議論から，私たちは最適な価格についてすでに1つの結論を得ています。それは，消費者の限界評価と企業の限界費用が一致するように価格が決まれば，社会的余剰が最大になるというものです。よって，仮に政府が価格を規制するのなら，限界費用を基準に価格設定をすれば良いということになります。このような考え方を**限界費用価格形成の原理**と言います。

しかし，この原理をそのまま平均費用逓減産業に適用しようとすると，次の2点で問題が発生します。

(1) 平均費用逓減産業では企業が損失を出してしまう

(2) 外部の人間が企業の費用を正確に把握することは難しい

1つ目の内容から確認していきましょう。図を見やすくするために，費用

図表 8-1 ▶▶▶限界費用価格形成

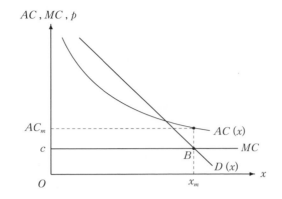

関数が $C(x) = cx + F$ と表されるケースを考えます。c は限界費用，F は固定費用を表しており，ともに一定であるとします。このとき，平均費用関数は $AC(x) = c + F／x$ となり，右下がりの曲線として描かれます（**図表8-1**）。

　仮に政府が「規制企業は限界費用に沿って供給をすべし」という法律をつくったとします。生産者が素直にその法律に従えば，均衡点は B 点になります。その結果，生産者は1単位の販売をするごとに $p = c$ の売上を得る一方で，生産するごとに単位当たり AC_m の費用が必要になります。図から明らかに $AC_m > c$ ですから，これでは利益を出すことはできません。いくら独占が容認されていても，わざわざこんな事業に手を出すような企業はいないでしょう。このように，平均費用逓減産業において限界費用価格形成の原理を追求すると，市場から供給者がいなくなってしまいます。

　2番目の問題は，企業の本当の費用をどのように把握するかという点です。政府が企業の帳簿上の費用を把握すること自体はそれほど難しくありません。しかし，無駄な経費は計上されていないかとか，費用の削減努力をしっかりと行っているかなどまで考えると，外部の人間が「真の費用」を判断するのは，必ずしも容易ではありません。

　一般的に，競争にさらされている限り，企業は自発的に費用の削減努力を行います。他企業に比べて非効率的な生産をしていては価格競争で勝てないからです。しかし，独占企業にはそのような切迫感はありません。ましてや

128

費用に応じて価格を決めるという規制の下で，経営者や従業員が長期にわたって必死で費用削減の努力をし続けると考えるのは楽観的すぎるでしょう。職業倫理上そうしないのは怠慢だと責めるのは簡単ですが，人間である以上，危機感や報酬といった何らかのインセンティブがなければ，なかなか努力はできないものです。ここでも第1章で説明した法則「人はインセンティブに反応する」が関わってきます。

　このように，競争の欠如や価格の保証などによって経営努力のインセンティブが失われることを **X非効率性** と呼びます。これは死荷重のように数値で明確に提示することのできない非効率性ですが（だからこそ「謎の」という意味を込めて "X" という文字が使われます），それがもたらす影響の大きさは死荷重に負けてはいません。政府が産業を規制する際には，この X 非効率性の存在を忘れてはならないのです。

3 　供給者の確保

　前述のように，平均費用逓減産業で限界費用価格形成に基づく規制を実行しようとすると2つの問題が発生します。しかし，だからと言って限界費用価格形成という理論的に優れた考え方を捨ててしまうわけにもいきません。というわけで，限界費用価格形成の長所を残しながら，その問題点をいかに解決するかというのが次の論点になります。

　まず，「供給者の確保」を重視した対策を考えてみましょう。これには大きく分けて2つの考え方があります。1つは，政府が供給者に対して赤字の補填をすることです。このような産業で赤字が出るのは仕方のないことですから，政府が税金を利用してその費用を支払うのです。

　もう1つの考え方は，生産のための固定費用と可変費用を分割して，前者を定額の基本料金，後者を従量料金で徴収するというものです。これは **二部料金制度** と呼ばれ，電力やガスなどの料金体系に採用されています。

　自然独占産業に限界費用価格形成の原理を当てはめることができないの

は，その多くが巨大な固定費を必要としているからでした。そこで二部料金制を採用し，基本料金で固定費用を回収すれば，限界費用で価格を設定しても供給者側に赤字は発生しなくなります。この方式の優れた点は，政府による赤字の補塡が不要であるというところです。やはり，補助金が出ればどうしても官民の癒着や利権という問題が起こりやすくなります。また，税による損失補塡をする場合，その財やサービスを利用しない人にも税を通じた負担が生まれるため，受益者負担の原則から外れる可能性が出てきます。そういう意味で，二部料金制度は損失補塡制よりも優れていると言えるでしょう。

このように，少し応用を利かせれば，限界費用価格形成の考え方を用いながら供給者を確保することが可能になります。ただし，上の2つのいずれの方法においても，X非効率性の問題に対する解決にはならないので，その点は注意が必要です。特に政府による損失補塡のケースでは，福利厚生費や接待費などの経費を過剰に計上し，それを丸ごと補助金で穴埋めしてもらうということが起こらないとも言えません。このような問題に対しては，また違う工夫が必要になってきます。詳しくは本章の**5**で取り扱います。

4 ／ 平均費用価格形成

限界費用に代えて，平均費用に応じて価格をつけるという考え方があります。これを**平均費用価格形成の原理**と呼びます。この原理に従えば，例えば**図表8-2**のようなケースでは平均費用曲線と需要曲線の交点であるG点において価格と量が決められます。

価格と平均費用が一致するように規制するわけですから，企業が損をすることはありません。もちろん，企業にとって損をしないというだけでは供給のインセンティブは生まれませんから，多少のマークアップ（上乗せ）は認めることにしましょう。この上乗せの部分のことを公正報酬と言います。そして，平均費用（原価）と公正報酬をふまえた価格規制の方法を**総括原価方式**と言います。

図表8－2 ▶▶▶平均費用価格形成

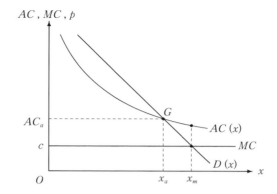

この方式の下では，赤字補塡をしたり，固定費と可変費を分けて考えたりする手間を省くことができます。この簡素さという利点があるために，伝統的には平均費用価格形成に基づく総括原価方式が価格規制の中心となってきました。しかし，この方法にも問題があります。**図表8－2**で x_m より，x_a のほうが小さくなってしまっていることからわかるように，平均費用価格形成の原理では，限界費用価格形成の原理に比べて過小供給になり，効率性という点では劣るのです。また，企業が損をしないように価格が決められるということですから，企業の効率改善のインセンティブが弱いという問題点（X非効率性）は限界費用価格形成のときと同じです。

5 / インセンティブ規制

5.1 プライスキャップ規制

これまでに何度も指摘してきたように，限界費用にせよ平均費用にせよ，現在発生している費用を前提としている限り，企業に効率改善のインセンティブは生まれません。そこで，頑張った企業にはその分だけ利益が生まれる

という状態をつくるために，いくつかのアイデアが生まれました。このような考え方に基づく規制を総称して**インセンティブ規制**と呼びます。

　その具体的なものとして，まず**プライスキャップ方式**が挙げられます。プライスキャップとは，ついつい上に行こうとする価格に帽子をかぶせて押さえつける状況を表しています。まず政府は生産者に対して価格上昇率の上限（3％とか5％とか）を提示します。生産者はその基準以下であればどんな価格をつけてもかまいません。仮に経営努力に成功し，その価格よりも低い費用で生産できれば，その差額はすべて企業のものになります。逆にその価格よりも費用が高くなってしまい，損失が出た場合には，今度は自分たちの責任で何とかしなくてはいけません。この制度の下では，もう政府は赤字を補塡してくれないのです。

　この方式の難しいところは，そもそも価格上昇率の上限をどのように決めるかということです。この点を上手にやらなければ制度が機能しません。現在のところ，物価上昇率や技術革新の度合いを考慮しながら，3〜5年に一度上限を見直すという形で運用されていますが，この点は少しずつ改良を重ねていくしかないでしょう。しかし，生産者のインセンティブを刺激するというだけでなく，費用算定の手間が省けるというメリットがあるため，近年，世界中の先進国でこの方式が採用されつつあります。

5.2　ヤードスティック方式

　インセンティブ規制のもう1つの例として，**ヤードスティック方式**と呼ばれるものがあります。ヤードスティック（yardstick）とはヤード尺のことで，転じて物差しとか基準という意味で使われる言葉です。

　ある規制対象企業に対していくつかのライバル企業を想定し，それらの費用情報を集め，価格に関する基準（ヤードスティック）を算定します。対象企業が努力をして，その基準価格よりも低い費用で生産できれば，その分が利益になります。逆に，基準価格と同程度か，あるいはそれ以上の費用がかかってしまうと利益を得ることができません。だから，規制対象となった企

業は，少なくとも他の企業に負けない程度には努力をするというインセンティブが生まれます。

　この方式がうまく機能することを，モデルを使って示しましょう。経済には2つの地域（地域1，地域2）があり，それぞれに独占企業が存在すると仮定します。両企業にとっての限界費用は c ですが，新しい機械の導入や従業員の職業訓練などの経営努力をすれば，その値が δ だけ引き下げられるものとします。経営努力のための費用が I で表されるとすると，両企業は

　(1) 特に経営努力をせずに c の限界費用で生産する

　(2) I の費用を払って $c-\delta$ の限界費用で生産する

という2つの選択肢に直面することになります。

　政府は二部料金を用いて価格設定をします。すなわち，消費者から固定料金 R をまず徴収し，1単位の消費に対して p の価格をつけます。ここで，簡単化のために，価格にかかわらず需要量は一定 (x_1, x_2) であるとしましょう。また，以下では $\delta x_i > I$ という状況を想定します。これは，企業の経営努力によって引き下げられる消費者の支払額 (δx_i) が企業の投資額を上回っていることを意味します。つまり，この仮定は，企業の経営努力が社会的に有意義であるという状況を想定しています。

　さて，まず政府が限界費用価格形成の原理に従って規制を行うケースから始めましょう。すなわち，企業が経営努力を行わずに限界費用が高い状態にあるときには

$$p = c$$

という価格を設定し，逆に企業が経営努力を行って限界費用を下げたときには

$$p = c - \delta$$

のように価格を引き下げるのです。そうすると，企業の利潤は

- 経営努力をしないケース：$\pi_i = cx_i - cx_i + R = R$
- 経営努力をするケース　　：$\pi_i = (c-\delta)x_i - (c-\delta)x_i + R - I = R - I$

図表 8−3 ▶ ▶ ▶ 限界費用価格形成の下での利潤

		企業2	
		努力する	努力しない
企業1	努力する	$R-I$, $R-I$	$R-I$, R
	努力しない	R, $R-I$	R, R

と表されます。この結果を両企業についてまとめたものが**図表8−3**です。

　一見して明らかなように，これでは両企業に経営努力のインセンティブが生まれません。頑張って限界費用を下げても，その分だけ価格を下げられてしまうのでは意味がないからです。結局，このような価格規制の仕方では，両企業は経営努力をしないという結論になります。

　そこで，ヤードスティック方式の導入を検討します。導入の仕方はいろいろありますが，ここでは「相手企業の限界費用で価格を決定する」という方式をとります。このとき，両企業の利潤は次のようになります。

（1）両企業ともに経営努力をしない

　　規制価格は $p_1=p_2=c$ となり，両企業の利潤は R となる。

（2）両企業ともに経営努力をする

　　規制価格は $p_1=p_2=c-\delta$ となり，両企業の利潤は $R-I$ となる。

（3）企業1が経営努力を行い，企業2は経営努力をしない

　　規制価格は $p_1=c$，$p_2=c-\delta$ となり，それぞれの利潤は

$$\pi_1 = cx_1 - (c-\delta)x_1 + R - I = \delta x_1 + R - I$$
$$\pi_2 = (c-\delta)x_2 - cx_2 + R = -\delta x_2 + R$$

　　となる。なお，企業2が経営努力を行い，企業1が経営努力しないケースでは，この結果が対称的になる。

（1）〜（3）の結果を示したのが**図表8−4**です。ここからわかるのは，$\delta x_i > I$ が成立している限り，どちらの企業も相手企業の戦略にかかわらず「経営努力をする」ことで大きな利潤を得られるということです。つまり，ヤードスティック方式を導入すると，企業は自ずから経営努力をして，限界費用

図表 8－4 ▶▶▶ ヤードスティック方式を導入したときの利得表

		企業2	
		努力する	努力しない
企業1	努力する	$R-I,\ R-I$	$\delta x_1 + R - I,\ -\delta x_2 + R$
	努力しない	$-\delta x_1 + R,\ \delta x_2 + R - I$	$R,\ R$

を減らすようになるのです。

　ヤードスティック方式は，同じような財・サービスを生産する同規模の企業が存在してはじめて有効になります。そのため，どんな産業にも適用できる方式ではありません。また，可能性としては企業同士が談合して虚偽申請をするということもないとは言えません。よって，ヤードスティック方式は，規制政策の中心選手になれるようなタイプではありませんが，他の規制と組み合わせながら用いれば，それなりに効果を発揮することができると言えます。

6 ピークロード・プライシング

　企業にとって最も望ましいのは，お客さんがコンスタントにやってくるという状態です。しかし残念なことに，どんな産業でも需要の変動というものがあります。ビールの需要は冬場より夏場のほうが多いし，デパートやショッピングセンターには平日よりも休日に多くの人が集まります。

　企業はこのように変動する需要に対して，どのぐらいまでの需要に対応するかをあらかじめ決めておかなくてはいけません。生産規模の上限を大きく設定すると，オフピーク時（閑散期）に人や設備が余ってしまうので非効率的です。しかし規模を小さくしてしまうと，今度はピーク時（繁忙期）の需要に対応できなくなってしまうので，それはそれでやはり問題があります。

　例えば，**図表8－5**のような需要変動に直面している企業があるとしましょう。在庫を持つことのできる企業であれば，この企業はBの高さで生産

図表 8−5 ▶▶▶需要の変動と生産規模の設定

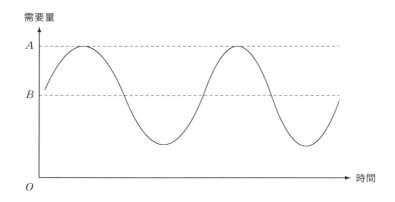

できるように人を雇ったり，設備を整えたりすれば良いということになります。需要量がこの生産規模を下回っているときには在庫をつくり，上回った場合には在庫を取り崩しながら売れば良いからです。こうすることで，生産設備を効率的に使うことができます。

　しかし，サービス業のように生産と消費が同時に行われる産業の場合はこうはいきません。「暇だから今のうちにマッサージのストックでもしておくか」とか「ちょっと忙しくなってきたから，さっき余分にやっておいた英会話のレッスンをこっちに持ってきて」ということはできないのです。

　そこで，サービス産業の多くはその生産規模を A またはそれに近いところで設定せざるを得ないということになります。つくり置きという方法がとれない以上，ピーク時にも対応できる体制を整える必要があるからです。特に生活必需的なサービス（電力やガスなど）の場合はその傾向が顕著で，供給不足が起こらないように，予期せぬ需要の変動までふまえて生産規模のレベルを設定します。

　このような生産規模の設定は，私たちの安定した社会生活の保障という点では大きな意味がありますが，一方で過剰投資やオフピーク時の遊休人員・遊休施設の発生という問題が生じます。そこで，その解決方法として**ピークロード・プライシング**というものが考えられました。

図表8−6 ▶▶▶ピークロード・プライシング

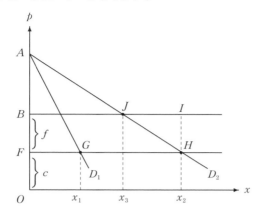

　電力や高速道路のようなサービスを想定しながら**図表8−6**を見てください。ここには2種類の需要が存在します。1つはオフピーク時の需要（D_1），もう1つはピーク時の需要（D_2）です。電力で言えば，D_1 は夜間需要，D_2 は昼間需要を表しています。高速道路で言えば，D_1 は空いている時間帯の交通量，D_2 は渋滞するような時間帯の交通量です。

　生産者はこれらに対して2段階の行動をとります。第1段階では設備投資を行い，生産規模の上限を決定します。この際，上限を1単位引き上げるたびに f の費用がかかるとします。そして規模の上限が決まった後に，第2段階として生産活動に取りかかります。生産にかかる限界費用は c です。

　このような経済ではどのような価格規制が望ましいでしょうか。それを考えるために，まず価格を限界費用の水準に設定し（$p=c$），すべての需要に対応できるように設備投資を行うというケースを見てみましょう。

　このケースでは，オフピーク期に x_1，ピーク期に x_2 の取引がなされ，それぞれの期に $\triangle AGF$，$\triangle AHF$ の消費者余剰が生まれます。それに対して，生産者の利潤は

$$\pi = p(x_1+x_2) - c(x_1+x_2) - fx_2 = -fx_2$$

と設備投資の分だけ赤字になってしまいます。その結果，このケースにおけ

る社会的余剰の大きさは

$$SS_m = \triangle AGF + \triangle AHF - BIHF$$
$$= \triangle AGF + \triangle AJB - \triangle JIH$$

(8.1)

となります。

　次に，ピークロード・プライシングを考えます。この規制方法では，サービスのピーク期には高い価格，オフピーク期には低い価格と，両者の間で異なった価格体系を適用します。ここでは，オフピーク期の価格を限界費用に据え置き（$p_1 = c$），ピーク期の価格だけを

$$p_2 = c + f$$

まで引き上げます。つまり，ピーク期の価格が，生産における限界費用と生産規模を拡大するための限界費用の和になるようにするのです。

　このとき，オフピーク期の需要は x_1 のままですが，ピーク期の需要は x_3 まで下がります。ここから，オフピーク期における消費者余剰は $\triangle AGF$，ピーク期における消費者余剰は $\triangle AJB$ になることがわかります。両方に対して $p = c$ を適用していたときよりも消費者余剰が少し減ってしまいました。

　一方，生産者は，このような価格設定によって，生産規模の上限を小さくし，設備投資費を抑えることができます。そのうえ，ピーク期の価格が引き上げられた分を設備投資費に充てることができます。よって，その利潤は

$$\pi_i = p_1 x_1 + p_2 x_3 - c(x_1 + x_3) - f x_3 = 0$$

となり，その結果，社会的余剰は

$$SS_p = \triangle AGF + \triangle AJB$$

となります。比較すれば明らかなように，これは（8.1）式における社会的余剰よりも大きな値をとります。つまり，ピークロード・プライシングの導入によって無駄が省かれ，社会的な効率性が改善されるのです。

　ピークロード・プライシングに対しては，「混雑しているときには利用者はいろいろと不便を強いられ，サービスの質が下がる。本来なら安くしてもらってもおかしくないはずなのに，よりいっそう高い料金を取るとは何事だ」という批判があります。

しかし，ここまで見てきたように，効率性の観点からすれば，ピークロード・プライシングは理想的な資源配分を実現しますし，さらに，もっと長い目で見た場合にはピーク期からオフピーク期への需要者の移動を促す可能性もあります。例えば電力で言えば，ヒートポンプのように，夜中の電力をうまく利用することで昼間の電力消費を減らそうとする動きが出るかもしれません。高速道路の場合は，出発時間を変更したり，休暇の取り方を変えるという動きが考えられます。このような動きは，生産者だけでなく，長い目で見れば消費者の負担を小さくすることにもつながります。

Column | **時差通勤を実現することができるか**

近年，「ダイナミックプライシング」と呼ばれる販売手法が注目を浴びています。これは，需要の変動に合わせて価格を変更し，需要を平準化するための仕組みのことで，本文で紹介したピークロードプライシングを応用したものと言えます。コンピュータ・AI の発展やデータの集積により需要予測やデータ集計が容易になったことで，スポーツ観戦や音楽ライブ，遊園地，ホテルなどさまざまな業界で導入されるようになりました。今後はキャパシティに制限のある産業での「定価」という概念は薄れ，変動価格が主流になっていくと予想されます。

そんな中，政府は 2021 年 5 月 28 日に，鉄道料金にもダイナミックプライシングの導入を検討するという発表を行いました（2 次交通政策基本計画）。通勤時間帯の料金を上げ，それ以外の時間の料金を下げることで時差通勤を促し，ピーク時の混雑を解消することが目的です。

また，それに先だって JR 東日本と JR 西日本は時差通勤を行った人にポイントを付与するというサービスを始めました。2021 年の春から 2022 年 3 月までの限定措置ですが，両企業はこのサービスを通じて利用者に新しい通勤スタイルを提案すると同時に，ここで集められたデータを将来の料金体系の参考にするものと思われます。

これまで，技術的・制度的な制約により，経済学の理論を現実に応用するのは必ずしも容易ではなかったのですが，近年の技術発展がそれを可能にしてくれるようになりました。ダイナミックプライシングの導入は，その代表例の 1 つと言えそうです。

　私たちが普段買い物をしている財やサービスの中で，その価格が公的な規制を受けているものはどれぐらいあるだろうか。調べてみよう。

　鉄道料金にピークロード・プライシングを導入することに対して，あなたは賛成か，それとも反対か。周りの人と議論してみよう。

1. ある財に対する需要関数が $p=120-x$ と表されている。この財を生産するのに必要な費用は $C(x)=1600+20x$ であり，平均費用が逓減的であるために自然独占になってしまっている。そこで，政府はこの企業に対して価格規制を行う。

   (1) 限界費用価格形成の原理を適用した場合の価格と取引量をそれぞれ求めよ。また，そのときの消費者余剰と企業の利潤を計算せよ。

   (2) 平均費用価格形成の原理を適用した場合の価格と取引量をそれぞれ求めよ（解が複数存在するときは，価格の低いほうを採用する）。また，そのときの消費者余剰と企業の利潤を計算せよ。

2. 2つの地域（地域1，地域2）があり，それぞれに独占企業が存在する。それぞれの地域における需要関数は $p=100-x_i$，両企業の費用関数は $C_i=c_i x_i$ で表されるものとする。ただし，企業の限界費用は一定ではなく，両企業の設備投資水準に従って変化するものとする。すなわち，大規模な設備投資を行えば $c_i=10$ となり，小規模な設備投資の場合は $c_i=20$ となる。また，何もしない場合は $c_i=30$ であるとする。なお，設備投資にかかる費用は小規模に対して50，大規模に対して100である。

   　以上の前提で，政府はヤードスティック方式に従って価格規制を行う。相手企業の限界費用で価格を設定し，固定料金を100としたとき，両企業にとって大規模な設備投資をすることが最適であることを示せ。

3. ある財に対して，2つの需要関数が存在しているとする。1つはオフピーク時における需要関数で，$p=100-x_1$ と表される。もう1つはピーク時における需要関数で，$p=120-\frac{1}{2}x_2$ と表される。ただし，x_1，x_2 はそれぞれオ

フピーク時・ピーク時の需要量である。いま，財の最大供給可能量が100であるとする。ただし，設備投資によって供給可能量を増やすことは可能であり，その水準を1単位引き上げるたびに $f=20$ の費用が必要であるとする。また，生産そのものに必要な限界費用は $c=30$ である。

(1) 限界費用価格形成の原理を適用し，価格を30に設定した場合，オフピーク時に余る供給余力（量）およびピーク時に不足する供給量を求めよ。

(2) 政府がこの産業に対してピークロード・プライシングを導入したとする。オフピーク時，ピーク時において設定される価格をそれぞれ求めよ。また，そのときの社会的余剰の大きさも求めよ。

▶▶▶**さらに学びたい人のために** ────────────

●奥野信宏［2008］『公共経済学（第3版）』岩波書店。

●林正義・小川光・別所俊一郎［2010］『公共経済学』有斐閣。

●上村敏之［2011］『公共経済学入門』新世社。

第 9 章

所得再分配

Learning Points

▶所得再分配が必要な理由は何か。
▶所得の不平等度を測るための指標として，どんなものが考えられるか。
▶所得再分配を実行するために，具体的にどのような政策が考えられるか。

Key Words

平等　公平　公平と効率のトレードオフ　相対的貧困率　ジニ係数

1 / 不平等は動物の本能を刺激する

　サルに簡単な課題を与えて，クリアできたらご褒美をあげます。ご褒美は
キュウリです。サルはそれを受け取って，美味しそうに食べます。どうやら
そのご褒美に満足しているようです。

　その隣の檻で別のサルにも同じ課題を与えます。そして同じようにご褒美
をあげます。ただし，ここで与えられるのはブドウです。こちらだけちょっ
とグレードが上がるわけです。最初のサルは，その様子を見ながら，ちょっ
とうらやましそうにしています。

　その後，最初のサルに再び課題を与えます。そしてご褒美として再びキュ
ウリをあげます。すると，ここで異変が起こります。サルはそのキュウリを
投げつけ，壁をたたき，フェンスを揺すって「なぜ俺にはキュウリなのか！」
と怒りの態度を見せるのです（ドゥ・ヴァール［2010］）。

　この実験からわかるように，サルも「不公平」に反応します。自分に与え
られる報酬の絶対的な水準（キュウリ）に満足したとしても，周囲との相対
的な水準（キュウリ対ブドウ）において自分の報酬が劣っていることがわか

ると，不満を感じるのです。どうやら，不平等や不公平という感情は，人間だけが持ち得るものではないようです。

2 ／ 公平性の議論は難しい

　不公平，不平等，格差。こういった言葉に私たちは敏感に反応します。自分が他人よりも不利な境遇におかれる場合はもちろんのこと，他人が不幸な状況にあったり，理不尽な扱いを受けたりする場合でも，心穏やかではいられません。前節で見たように，それはどうやら動物としての本能のようです。そうだとすると，人間社会がどこまで進歩したとしても私たちは永遠にこの問題と向き合わなくてはいけないのでしょう。

　ところが，公平や平等に関して一度でも議論したことのある人にはわかるように，この問題は非常にややこしいです。まず，言葉の意味からして曖昧です。「公平は何か」，「平等とは何か」，「両者は同じ意味なのか」ということが明確でなければ議論はできませんが，まずこの段階でいろいろな意見や解釈がありそうです。

　次に，それぞれに「水平的公平」と「垂直的公平」とか，「機会の平等」と「結果の平等」など，複数の評価軸があります。単に「公平」「平等」と言っただけでは議論が混乱します。

　さらに，何を基準にそれを測るのかという問題もあります。一般的には所得の格差が大きいときに「平等でない」という言い方をします。しかし，世の中には「所得は低いけど資産は多い」とか「所得は高いけど家族が多くて生活に余裕はない」という人も少なからずいます。各個人の事情をそれぞれ見ていくと，単に所得の高低で公平性や平等性を測って良いものか悩むところです。

　そして，これらをすべてクリアしたとしても，そもそも本当に「平等・公平でなければならないのか」という根元的な問題が残っています。確かに極端に格差がある状態は望ましくありません。しかし，すべての人の所得が同

じというのもやはり問題があります。頑張らなくても他人と同じ所得が保証されているのであれば，誰も真面目に働こうとは思わなくなるからです。

　所得は私たちの行動，特に労働供給に影響を与える重要なインセンティブの1つです。その所得に公平性の観点から制限を加えると，労働供給に歪みが発生し，最終的に効率性に何らかの影響が出てきます。このように，公平性を追い求めた結果，効率性が損なわれてしまうこと（あるいはその逆）を**公平と効率のトレードオフ**と言います。公平で効率的な社会をつくることができればそれが一番良いのですが，必ずしもそれが可能であるとは限りません。そのため，歴史的な経緯や社会的な状況をふまえて，どちらを重視するか，どこかで折り合いをつける必要が出てきます。

　以上のように，公平性を定義するのは容易ではないですし，そもそも公平な社会を目指すべきかについてもさまざまな考え方があり得ます。これらの

| Column | 効率性と公平性のトレードオフ |

　本文でも示したように，極端な格差解消政策は人々の労働インセンティブに影響を与え，効率性を阻害すると考えられます。かつての社会主義国の失敗がその証拠として挙げられるでしょう。しかし，現在の社会システムではそこまで極端な格差解消政策がとられることはありません。では，マイルドな格差是正政策はどのような影響を経済にもたらすのでしょうか。

　この疑問に対して，Cingano［2014］が興味深い主張をしています。この論文は1970年から2010年までのOECD31カ国のデータを用いることで，所得格差の拡大はむしろ経済成長を抑制してきたという結論を出したのです。そして，格差の是正と経済成長の間にトレードオフの関係はなく，むしろ適切な格差の是正は経済成長に貢献すると述べました。これは伝統的な経済学の見方に反するため，多くの反響がありました。

　なぜそのような結果が出るのでしょうか？　Cingano［2014］はその理由を教育に求めます。高所得者や中所得者の場合，多少の所得変動があっても子供の教育に対する支出は変わりません。一方，低所得者の場合，所得の変動は教育支出を大きく変化させます。そのため，高所得者から低所得者へ所得移転を行うと，低所得者の子供の教育水準が上がり，経済全体の効率性が改善すると言うのです。

　その後，日本を含む多くの国でより詳細な分析が行われています。まだ決定的な結論は出ていませんが，より多くの研究成果が蓄積することで，効率性と公平性の関係についても理解が深まっていくでしょう。

問題を本書ですべて扱うことはできませんので，詳細は専門書にゆずること
にして，以下では公平性に関する基本的な知識と考え方を紹介することにし
ます。

3 / 所得再分配の必要性

3.1 / 心の安定としての所得再分配

　資本主義・市場経済は弱肉強食の世界です。特殊な才能を持っていたり，
お金儲けが上手な人は，その社会における勝ち組となって，大きな収入を得
ることができるでしょう。反対にお金儲けが苦手な人や，何らかの事情で働
くことができない人は，生活するのに必要な所得を得ることができないかも
しれません。かつて，マルクス（K. Marx）は資本主義のこのような特徴を
批判し，その欠点があるゆえに資本主義はいつか滅びてしまうだろうという
予言をしました。そして，それに代わる新しい社会システムとして共産主義
を提唱したのです。

　結果として，ソ連をはじめとする共産主義国の崩壊で，マルクスの理論を
そのまま現実の社会に当てはめることはできないということが判明しまし
た。しかし，そこまで極端な議論はともかく，所得格差を小さくすべきであ
るという平等性の概念は，今日の資本主義社会の中にも強く根づいていると
言えます。そこで，所得の高い人から低い人への再分配が必要になります。

　なぜ所得再分配が必要なのか，という根元的な問いに対する第1の答え
は，素朴な感情論に基づくものです。例えばある程度熟成した経済において
日々の食事もまともに摂ることができないほど生活に困っている人がいると
します。世の中にはいろいろな考え方があるにしても，この人たちに何らか
の援助をすることの社会的コンセンサスをとるのは，それほど難しくないで
しょう。

　それから，「平等な所得分配は社会を安定的にする」ということもありま

す。一般的に，他の条件が同じなら，平等な社会より不平等な社会のほうが治安が悪化しやすいと言えそうです。所得再分配を行うことで泥棒や強盗などの犯罪が抑制され，人々の心の平穏が得られるのならば，その政策は低所得者だけでなく，高所得者にとっても意義のあるものとなります。

3.2 総効用の最大化

もう少し経済学的に，「所得再分配が社会の総効用を改善する」という効果を挙げることもできます。仮に，皆さんの所得が月々1万円増加したとします。これは誰にとっても嬉しいことでしょうが，どれぐらい嬉しいかは人によって異なります。その度合いを決定する要因として，性格，環境，家族構成，将来の展望などと並んで，もともとの所得水準があります。

学生の皆さんの大半にとって1万円というのはかなり大きな額だと思われます。しかし，年に何千万円，何億円と稼いでいる人たちにとってみれば，毎月の1万円というのは，それほど大した額ではありません。もちろん，これは人によりますので一概には言えませんが，大雑把に四捨五入して考えれば，一定額の所得変動が与える影響は，所得の低い人にとっては大きく，所得の高い人にとっては小さくなりそうです。このような関係を「所得の限界効用が逓減する」と言います。

図表9-1を見てください。ここには，所得と効用水準の関係が描かれています。曲線の接線の傾きは限界効用を表しており，所得が大きくなるにつれて小さくなっています。

ここで，2人の個人を想定しましょう。それぞれの所得を m_1, m_2 で表し，個人1は個人2よりも高い所得を得ている（$m_1 > m_2$）とします。この所得格差を縮めるために，政府が個人1から個人2に対して，s の額だけ所得を再分配するような政策を実施するとします。その結果，再分配後のそれぞれの所得水準は m_1-s, m_2+s となります。また，両者は同じ効用関数を有しており，社会における総効用は

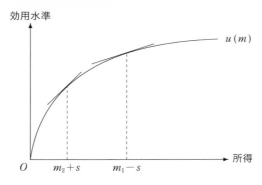

図表 9−1 ▶ ▶ ▶ 所得の限界効用逓減

$$W = u(m_1-s) + u(m_2+s)$$

と表されるとします。

　さて，このような状況で s を上昇させるとどうなるでしょうか。W を s で微分すると

$$\frac{dW}{ds} = -\frac{du(m_1-s)}{ds} + \frac{du(m_2+s)}{ds} \tag{9.1}$$

となります。右辺の du/ds は所得の限界効用を表しており，図からわかるように

$$\frac{du(m_1-s)}{ds} < \frac{du(m_2+s)}{ds}$$

です。この関係を（9.1）式に当てはめれば，$dW/ds > 0$ となり，ここから，所得の高い個人から低い個人への再分配政策を強化すると社会全体の総効用が増加することがわかります。

　また，総効用が最大化されるような s を求めることもできます。（9.1）式において $dW/ds = 0$ としたうえで s について解くと

$$s^* = \frac{m_1-m_2}{2}$$

となります。そして，再分配後の所得は両者ともに $(m_1+m_2)/2$ となります。

つまり，両者の所得格差をなくし，同一な所得を実現することが社会的に望ましいのです。

ただし，以上の議論が成立するには

(1) 各個人の効用関数が同一

(2) 再分配政策は各個人の行動に影響を与えない（＝公平と効率のトレードオフが存在しない）

という2つの極端な前提がなければいけません。どちらか一方でも崩れた場合にはまた違う結論が生まれますので，その点には注意してください。

3.3 保険としての再分配

所得再分配が必要な理由として，最後に，所得分配が保険に準ずる機能を持っているということを挙げておきます。皆さんが就職して，給料の支払い方について上司から次のような選択肢を提示されたとしましょう。皆さんなら，どちらを選ぶでしょうか。

選択肢1：確実に$\overline{m}$を得る

選択肢2：サイコロを振って偶数が出れば高所得m_Hを受け取るが，
　　　　奇数が出れば低所得m_Lになってしまう

$\overline{m} = (m_H + m_L)/2$であれば，上の2つの選択肢における所得の期待値は同じになります。だから確率論的にはどちらを選んでも無差別になるはずなのですが，実際にアンケートをとると選択肢1を選ぶ人が多いようです。

このような傾向は，所得の限界効用が逓減するという特徴から説明できます。所得と効用の関係が**図表9−2**のように描かれるとしましょう。選択肢1をとったときの効用水準は$u(\overline{m})$です。一方，選択肢2を選ぶと，2分の1の確率で効用水準が$u(m_H)$になり，残りの2分の1の確率で$u(m_L)$になります。

これらを比較すると，図からわかるように

$$u(\overline{m}) > \frac{u(m_H) + u(m_L)}{2}$$

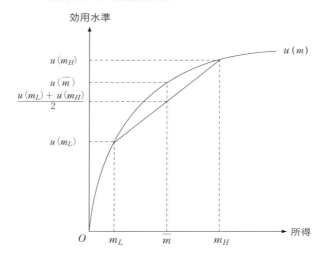

が成立します。つまり，選択肢1の効用水準は選択肢2の期待効用水準を上回ります。所得の限界効用が逓減するような状況では，人々は一か八かに賭けるよりも確実な収入を望む**リスク回避者**（risk averter）になるのです。

　所得の再分配制度が整備されれば，仮に何らかの事情で働けなくなったとしても一定の所得は保障されます。つまり，所得変動というリスクが小さくなります。人々がリスク回避的であるような社会において，所得再分配制度が各個人の直面するリスクを減らすことができれば，社会全体としての期待効用水準が上がるのです。

4 　所得格差を表す指標

　所得再分配政策を実行するにあたっては，現実的にどれぐらいの所得格差が存在するかを見る必要があります。その代表的な2つの指標（**相対的貧困率**，**ジニ係数**）を紹介し，日本の現状を確認することにします。

4.1 ▶ 相対的貧困率

相対的貧困率は OECD によって公表されている指標で，「等価可処分所得が中央値の半分よりも低い人の割合」と定義されます。しかし，これでは何を言っているのかよくわからないので，もう少し丁寧に見ていきましょう。

ある世帯が裕福かどうかを見る際にまず重要なのはその可処分所得ですが，それと同時に世帯人数も無視するわけにはいきません。たとえ 1,000 万円の世帯可処分所得があるとしても，世帯人数が 10 人もいたら生活は厳しくなります。

そうだとすると，世帯における 1 人当たりの可処分所得で裕福さを測れば良いと思うかもしれません。しかし，この指標にも問題があります。と言うのは，1 人当たり可処分所得が同じなら，人数の多い世帯のほうが余裕のある暮らしができるからです。同じ部屋で暮らせば人数が増えても光熱費はほとんど変わりません。テレビや洗濯機を共通で使えば 1 人当たりの費用を節約できます。このような例を挙げると，世帯人数が 2 倍になっても生活費は 2 倍にならないことがわかるでしょう。人数の多い世帯は，固定費を頭割りすることで，比較的余裕のある暮らしができるのです。

以上のように，世帯の裕福さを見るには，世帯可処分所得を見てもダメですし，世帯の 1 人当たり可処分所得を見てもダメです。そこで折衷案という形で，それぞれの世帯の可処分所得を世帯人数の平方根で割るという考えが生まれました。このように計算されたものを等価可処分所得と言います。数式で書くと

$$\text{等価可処分所得} = \frac{\text{世帯の可処分所得}}{\sqrt{\text{世帯人数}}} \tag{9.2}$$

となります。例えば，ある 5 人家族の可処分所得が 600 万円だとすると，

$$\text{等価可処分所得} = \frac{600}{\sqrt{5}} = 268.3$$

となるわけです。

この等価可処分所得のデータを集めて順番に並べます。そして，低いほう

から数えても高いほうから数えてもちょうど真ん中にあたる値を取り出します。これを中央値と言います。この中央値の半分の値のところに線を引き（これを貧困線と言います），この線よりも可処分所得が低い人たちの割合を調べます。これが相対的貧困率です。

　具体的に見てみましょう。学びたてのうちは自分の手で計算するのが大事なので，皆さんも実際に紙と鉛筆を使いながら確認してください。まず，5つの世帯からなる社会を想定しましょう。それぞれの世帯の可処分所得と人数が**図表9-3**のようであるとします。ここで，これらの数値を（9.2）式にあてはめれば，それぞれの等価可処分所得を求めることができます。

　この社会には13人の個人が存在します。彼らを等価可処分所得に応じて順番に並べましょう。最も少ないのは212万円で2人います。その後に220万円の1人が続き，最後尾は500万円の4人です。このように並べたとき，ちょうど真ん中（7番目）にあたるのは433万円の人ですから，この社会の貧困線は433/2 ＝ 216.5万円のところで引かれます。さて，これより低いのは…と探すとB世帯の2人が見つかりました。A世帯の人はぎりぎり貧困線よりも上です。よって，この社会には13人中2人が相対的貧困状態にあるということになり，

$$相対的貧困率 = \frac{2}{13} \times 100 = 15.4\,\%$$

と計算されます。

　厚生労働省［2019］によると，2018年における日本の貧困線は127万円（実質）で引かれ，相対的貧困率は15.4％とのことです。**図表9-4**を見ると，日本の相対的貧困率は近年やや下がりつつあるとはいえ，長期的には上昇傾向にあり，社会における1つの懸念事項であることがわかります。また2000年代半ば以降，日本の相対的貧困率はOECD加盟国の平均値を上回っています。以前の日本は「一億総中流」といって自他ともに格差の小さな国を認めてきたのですが，現在はむしろ比較的拡差の大きな国になりつつあります。

　ただ，この指標は，名前の通り「相対的」な貧困率を定義しているに過ぎ

図表 9−3 ▶ ▶ ▶ 相対的貧困率

世　帯	A	B	C	D	E
人数（人）	1	2	3	3	4
可処分所得（万円）	220	300	500	700	1000
等価可処分所得（万円）	220	212	289	433	500

図表 9−4 ▶ ▶ ▶ 日本の相対的貧困率の推移

1985	1988	1991	1994	1997	2000	2003	2006	2009	2012	2015	2018
12.0	13.2	13.5	13.7	14.6	15.3	14.9	15.7	16.0	16.1	15.7	15.4

出所：厚生労働省［2019］。

図表 9−5 ▶ ▶ ▶ 極端なケース

世　帯	F	G	H	I	J
人　数	1	1	1	1	1
可処分所得（万円）	100	150	180	900	1000
等価可処分所得（万円）	100	150	180	900	1000

ず，絶対的な貧困とは違うことを認識しておく必要はあります。

　また，相対的貧困率が本当にその国の所得格差の度合いを表しているかという点にも注意が必要です。例えば**図表 9−5**のような社会があるとしましょう。5つの独身世帯があり，一見して明らかなように，所得階層がはっきりと2つに分かれています。

　常識的に考えて，このような社会において「所得格差は存在しない」と言うのは難しいでしょう。しかし，この社会における可処分所得の中央値は180万円であり，貧困線は90万円のところで引かれるため，相対的貧困率は0％になってしまいます。このように，一部の人たちが高い所得を稼ぐ一方で，国民の半数以上が低い所得に甘んじているような国では，相対的貧困率が低い値をとることになります。よって，相対的貧困率はあくまでも目安の1つに過ぎないということは覚えておく必要があります。

4.2 ジニ係数

相対的貧困率は比較的新しく提唱された概念ですが，もっと古くから統計学者や経済学者の間で用いられてきた指標としてジニ係数があります。これを理解するためには，先に**ローレンツ曲線**から始めなくてはなりません。

図表9−6を見てください。この社会には5人の個人が存在し，それぞれの所得を足し合わせると全体で100になります。最も所得の低いKさんは，経済の構成員としては5人の中の1人（20%）ですが，Kさんの稼いだ所得は経済全体の5%でしかありません。KさんとLさんを合わせると，人数的には経済全体の40%（5人のうちの2人）になりますが，所得としては15%です。同様にK〜Mの3人の場合，人数的には60%，所得的には35%で，K〜Nの4人の場合は人数的には80%，所得的には60%となります（**図表9−7**）。

この組み合わせをグラフに書き込み（**図表9−8**），それぞれの点を結んで描かれた線のことをローレンツ曲線と言います。ここでは家計を5つしか想定していないので，ローレンツ曲線がゴツゴツしたものになってしまいますが，家計の数を多くしていくとなめらかな曲線になります。

ところで，すべての家計が同じ所得を受け取っているときには，ローレンツ曲線が直線 OR となります。そこで，直線 OR のことを**完全平等線**と呼びます。ジニ係数とは，完全平等線とローレンツ曲線の間の面積を△OQRの面積で割ったもので，数式で書くと次のようになります。

$$ジニ係数 = \frac{完全平等線とローレンツ曲線の間の面積}{△OQRの面積}$$

この式を**図表9−6**に当てはめると，分子が1,700，分母が5,000となるため，ジニ係数は0.34となります。式から明らかなように，ローレンツ曲線が完全平等線と一致するときには，ジニ係数は0になります。逆に，ローレンツ曲線が右下にふくらんでいくと，ジニ係数は1に近づきます。つまり，ジニ係数は必ず0から1の間の値をとり，0に近いほど平等な社会，1に近いほど不平等な社会であるということになります。OECDのデータベース

図表9－6 ▶▶▶所得分布

家　計	K	L	M	N	P	計
所得（万円）	5	10	20	25	40	100

図表9－7 ▶▶▶家計比と所得比

家計の累積百分率	20%	40%	60%	80%	100%
所得額の累積百分率	5%	15%	35%	60%	100%

図表9－8 ▶▶▶ローレンツ曲線

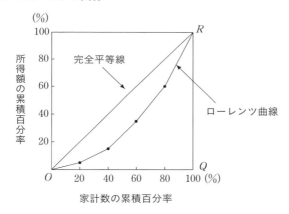

によれば，2018年の日本のジニ係数は0.334で，これはOECD平均の0.312をやや上回り，35カ国中10番目の高さであるということです。

5 所得再分配の方法

　所得再分配を行うための2つの柱は税制と社会保障です。政府活動の基本は国民から税金を徴収し，それを原資として公共サービスを提供することですが，その際，高所得者に多くの税や社会保険料を課し，それを低所得者に移転したり，低所得者に恩恵の大きなサービスを提供したりすれば所得再分

配がなされることになります。

5.1 税 金

　政府が税金を徴収するのは，政府活動を行うための原資が必要だからです。よって，それ自体は所得分配とは関係ないのですが，その税金を誰からどれだけ徴収するかということ，そして集めた税金をどのように使うかということを考えると，直ちに分配問題に関係してきます。

　所得再分配を行うためには，所得の高い人に多くの税金を払ってもらわなければいけません。しかし，単に「多く払う」と言っても，いくつかのパターンがあります。例えば，所得が300万円のAさんと600万円のBさんがいるとして，次の3つのケースを考えてみましょう。

　　ケース1：Aの納税額＝20万円，Bの納税額＝40万円

　　ケース2：Aの納税額＝20万円，Bの納税額＝60万円

　　ケース3：Aの納税額＝20万円，Bの納税額＝30万円

　すべてのケースにおいてBさんはAさんよりも多くの税金を払っているのですが，それぞれの意味は違います。ケース2のように，所得が2倍になると納税額が2倍よりも大きくなることを**累進的**と言い，ケース3のように所得の伸びほどには納税額が増えないことを**逆進的**と言います。税制に所得再分配を求めるのであれば，累進的であるほうが目的にかなっており，累進性と相性の良いのが所得税です。よって，所得再分配の観点からはどうしても所得税が主役となります。日本の場合，それぞれの所得水準に応じて所得税の税率が5％から45％までの7段階に分けられています（**図表9－9**）。この税率の下では，課税対象所得が300万円の人の納税額は約20万円ですが，課税対象所得が600万円になると納税額は約77万円になります。つまり，課税対象所得が2倍になったときに，納税額は約3.8倍になるわけです。また，課税対象所得が1,200万円になると納税額は約242万円まで増えます。この場合には，課税対象所得が4倍になると，納税額は約12倍になります。

図表 9 – 9 ▶ ▶ ▶ 累進所得税率

課税対象所得	税率	控除額
195 万円まで	5%	0 円
195 〜 330 万円	10%	97, 500 円
330 〜 695 万円	20%	427, 500 円
695 〜 900 万円	23%	636, 000 円
900 〜 1,800 万円	33%	1, 536, 000 円
1,800 〜 4,000 万円	40%	2, 796, 000 円
4,000 万円以上	45%	4, 796, 000 円

5.2 社会保障

　日本国憲法第 25 条には「すべて国民は，健康で文化的な最低限度の生活を営む権利を有する」と書かれています。社会保障制度はこれを具現化するための公的な仕組みのことで，「社会保険」「社会福祉」「公的扶助」「公衆衛生」の 4 つの柱から成り立っています（**図表 9 − 10**）。

　社会保障の本質的な役割はあくまでも人々の生活の質の保障ですが，これを実現しようとすると結果的に困窮者への所得移転が起こります。よって，社会保障と所得再分配を切り離して議論することはできません。なかでも特に，社会保険と公的扶助は所得再分配と強く関わっています。

　厚生労働省［2017］によると，2017 年の日本における当初所得（再分配前の所得）のジニ係数は 0.559 だったのですが，税や社会保障などの再分配政策によって 0.372 まで下がったそうです[1]。約 33.5% もジニ係数が下がりました。その内訳を見ると，税による改善度は 4.8% でしかないのに対し，

図表 9 – 10 ▶ ▶ ▶ 社会保障

社会保険	年金保険，医療保険，失業保険等の整備・運営
社会福祉	老人福祉，障害者福祉，児童福祉等
公的扶助	生活保護
公衆衛生	環境維持，病気の予防，食品安全等

社会保障による改善度は 30.1% にもなります。所得再分配という面から見た社会保障の役割が圧倒的に大きいことがわかります。

5.3 　今後の再分配制度

　政府は以上のような方法で所得の再分配を行い，社会の公平性を実現しようとしているのですが，少子高齢化や経済・社会のグローバル化という環境の変化を受け，税についても社会保障についてもそのあり方についてさまざまな議論が生まれています。

　かつてはほとんどすべての国で所得税の最高税率を非常に高く設定していました。例えば 1974 年度の日本における最高税率は 75% で，住民税まで考慮すると，90% を越えていました。

　しかし，第 10 章で示すように，租税には公平・中立（効率）・簡素という3 つの原則があります。公平性はもちろん重要ですが，中立性や簡素性も同じように尊重されなくてはいけません。また，少子高齢化によって労働者の数が減ったり，グローバル化によって労働移動が自由になったりすると，一部の人だけが税を負担するというシステムが現実的に成り立たなくなってきています。そこで，1980 年代ごろから，世界のさまざまな国で課税対象を広く浅くするという方法がとられています。

　社会保障制度も変化の時を迎えています。年金保険や医療保険は少子高齢化の影響を直接的に受けるため，その維持可能性が懸念されています。生活保護制度に関しては，その受給者数が激増し，給付総額が無視できないほどの大きさになっています。そのため，制度のあり方や他の社会保障制度との関係についてさまざまな意見が出始めています。

　高齢化やグローバル化が，今後強まることはあっても弱まることはないでしょう。そうだとすると，税や社会保障のあり方や公平性に対する考え方も根本的に変わらなくてはいけません。思い込みを捨てて，バランスのよい現実的な議論が必要になります。そこで，第 10 章では租税制度について，第11 章では年金制度について詳しく確認していきます。それぞれのあるべき

姿を考えるための参考にしてください。

6 公的介入の必要性

　最後に，なぜ所得再分配という役割を公共部門が果たさなければならないかを確認しておきます。まず生活扶助や児童手当の支給に公的介入が必要なのは明らかでしょう。募金やNPO（非営利活動）によって，所得の高い人から低い人へある程度の再分配はなされていますが，それで十分だとはとても言えません。

　年金や医療保険などの社会保険について言えば，一部は民間による供給が可能です。実際に，私的年金や生命保険など，民間企業によって運営される保険サービスも存在します。しかし，保険業務のすべてを民間に任せると，いくつかの点で問題が発生します。

　第1に，童話「アリとキリギリス」の中のキリギリスのような生活を送る人がいるということです。経済学では家計や企業が合理的であると仮定して議論を進めますが，現実問題として私たちは必ずしも合理的とは限りません。目の前にあるお金をついつい使って後悔するというのは多くの人が経験していることだと思います。このように，将来のことをあまり考えずに行動してしまうことを**近視眼的**と言います。年金の運営をすべて民間に任せ，その加入を任意にすると，近視眼的な個人は保険料を支払わずに過剰に消費をしてしまう可能性があります。そのような人の中には，年をとって働けなくなってから後悔をする人もいるでしょう。個人が完全に合理的でないのならば，政府が強制的に年金に加入させ，将来の所得を保障するのも1つの考え方です。これを政府の**温情主義**（パターナリズム）と言います。

　第2に，**逆淘汰**という問題があります。例えば，健康保険を民営化し，加入を個人の意思に委ねると，健康な人は保険に入らず，不健康な人だけが加入するという事態が起こります。このように，ある市場において質の高い人や財がそこから退出し，質の低い人や財だけが残ることを逆淘汰と言いま

159

す。逆淘汰問題が起きると，市場そのものが機能しなくなるので，すべての個人に加入を強制するための機関が必要になります。

　ただし，これらの理由は必ずしも絶対的なものではありません。温情主義による政府の介入をありがたいと考える人もいるでしょうが，一方でお節介だととらえる人もいるでしょう。逆淘汰の問題にしても，自動車の自賠責保険のように，加入は強制にしながらも保険の運営は民間に任せるという方法もあり得ます。所得分配については資源配分のときのように強力な価値判断基準がないだけに，さまざまな考え方があることを理解する必要があります。

Working　　　　　　　　　　　　　　　　　　　　調べてみよう

　日本ではジニ係数の値がどのように変化してきただろうか。1980 年代からの変遷を調べてみよう。

Discussion　　　　　　　　　　　　　　　　　　　議論しよう

　「公平な社会を作ることの意義」，「公平と効率のトレードオフ」，「人口動態の変化」を考慮に入れながら，今後の日本において誰にどのような形で所得再分配をすべきかを議論してみよう。

Training　　　　　　　　　　　　　　　　　　　解いてみよう

1. 2 人の個人が存在し，両者の効用関数はともに $u_i = 80\,m_i^{\frac{1}{2}}$ と表されている。ただし，m_i は個人 i の所得であり，ここでは $m_1 = 100$，$m_2 = 64$ とする。

    (1) 政府がほんの少しの金額を個人 1 から個人 2 に移転するような政策を実施したとする。このとき，社会の総効用はどのように変化するか。

    (2) 社会の総効用を最大にするような移転額はいくらか。

2 2 つの国（A 国，B 国）があり，どちらの国でも就職率が 80% である。

　A 国で就職した場合の可処分所得は 900 であるが，ここには社会保障制度がないため，失業してしまったら所得がゼロになる。一方，B 国では社会保障制度が整っており，就職した場合の可処分所得は 800 に下がるが，失業してしまったときでも 400 の可処分所得が保障されている。両国の労働者の選好は同一で，ともに可処分所得（m）から $u = m^{\frac{1}{2}}$ の効用を得るものとする。

(1) 両国における期待可処分所得が一致することを確認せよ。

(2) A 国の国民の期待効用を求めよ。

(3) B 国の国民の期待効用を求めよ（小数第 2 位を四捨五入）。

3. 6 世帯，19 人で構成される経済を考える。それぞれの世帯人数と世帯所得が次の表のようであるとき，この経済における相対的貧困率はいくつか。

世　帯	世帯 1	世帯 2	世帯 3	世帯 4	世帯 5	世帯 6
人　数	2	2	4	3	4	4
可処分所得	300	360	400	700	900	1000

4. 5 人の個人からなる経済を考える。それぞれの所得が以下のようになっているとき，この経済におけるジニ係数を求めよ。

個人 1	個人 2	個人 3	個人 4	個人 5
5	10	15	20	50

▶▶▶さらに学びたい人のために ──────────

● 大竹文雄［2005］『日本の不平等』日本経済新聞社。

● 小塩隆士［2012］『公平と効率を問う』日本評論社。

● アンソニー・アトキンソン著 山形浩生訳［2015］『21 世紀の不平等』東洋経済新報社。

● アマルティア・セン著 池本幸生・野上裕生訳［2018］『不平等の再検討－潜在能力と自由』岩波書店。

──────────────────────────────

【注】

1 この値は本章の **4.2** で紹介したものと異なりますが，その理由は，計算の際に使うデータが違ったり（調査対象や調査世帯数が異なる），計算方法が違ったり（5 分位で計算するか 10 分位で計算するかなど）するためです。

参考文献

- フランス・ドゥ・ヴァール著　柴田裕之訳［2010］『共感の時代へ－動物行動学が教えて
  くれること』紀伊國屋書店。
- Cingano F.［2014］"Trend in income inequality and its impact on economic growth",
  OECD Social Employment and Migration Working Papers, No.163, OECD Publishing.
- 厚生労働省［2017］「平成 29 年所得再分配調査」。
- 厚生労働省［2019］「令和元年国民生活基礎調査」。
- OECD ウェブページ https://data.oecd.org

Learning Points

▶理想的な税とはどのような特徴を持った税だろうか。
▶政府が1兆円の財源を追加的に必要としたとする。このとき，国民からどのような形で徴収すれば良いだろうか。
▶政府による徴税は社会的にどのような問題を生み出すか。

Key Words

租税の三原則　課税による死荷重　ドールトンの法則　所得税　消費税

1 オランダで見かける不思議な棒

　オランダの観光といえば，水車，チューリップ，美術館，アンネ・フランクの家などが有名ですが，アムステルダムの街並みも悪くありません。街中に張りめぐらされている運河，その運河に浮かぶ数多くのボート，そして，フラフトハイスと呼ばれるおもちゃのような建物。これらが見事に調和しており，この街並みを見るためだけでもオランダに来た甲斐があるという気になります。

　そんな街をしばらく歩いていると，面白いことに気づきます。まず，建物が真っ直ぐ建っていません。傾いているのです。最初は「目の錯覚かな」と思うのですが，そんなことはなくて，本当に傾いています。それもちょっとやそっとではなく，すごく傾いています。「倒れないのだろうか」とか「中の人たちはどういう生活をしているのだろうか」とかそんな疑問がわいてきます。

　アムステルダムは水の都と呼ばれているだけに地盤が悪く，長い年月をか

けて建物が少しずつ傾いてきたということなのですが，どうやら理由はそれ
だけではないようです。このことについてはまた後で説明します。

　次に気づくのは，建物の壁から突き出ている不思議な棒です。洗濯物を干
すか，あるいは旗を掲げるためのもののようにも見えますが，それにしては
棒の出ている位置が高すぎるようです。とすると，いったい何なのでしょう。

　実はこれ，引っ越しをするときに使うのだそうです。16 世紀のオランダ
には間口税というものがあり，間口が広い家ほどたくさんの税金を取られま
した。そのため，庶民はそれに対抗して間口が狭く，奥行きの長い家を建て
るようになりました。現在のアムステルダムの建築物が縦長なのは，そのと
きの名残です。ただ，間口が狭くなると，引っ越しのときに困ります。大型
の家具は玄関から入りませんから，必然的に窓から搬入することになりま
す。このとき活躍するのが壁の出っ張り棒です。この先端に滑車をつけて，
下から家具を引き上げたり，逆に窓から下ろしたりするのだそうです。

　話を戻すと，壁が傾いている理由の 1 つもここにあります。壁が垂直だと，
家具を引き上げる際に壁にぶつかったり，他の窓に引っかかったりします。
そこで壁をあえて前に傾けて，家具と壁がぶつからないようにしているので
す。ところ変われば文化も変わるというか，観光客として見ている分には面
白いのですが，実際にそこに住むのは大変そうです。

　アムステルダムの街並みを見ていると，租税がいかに人々の行動や文化な
どに影響を与えるかがわかります。経済学では，租税が人々の行動を変える
ことを「租税による**歪み**が存在する」という言い方をします。言葉のニュア
ンスからわかるように，これはあまり良い意味では使われません（ただし，
第 6 章で紹介したピグー税のように，市場が効率的に機能していないときに
は，租税によって社会厚生が改善するケースもあります）。なぜ歪みがあっ
てはいけないのか，そして，歪みの小さな税とはどんなものなのか，そんな
ことをこの章では考えていきましょう。

2 租税原則

　租税は，政府の活動を支えるために必要な財源です。しかし，租税の役割は資金調達だけではありません。累進所得税や相続税を利用することで所得再分配の役割を果たしたり（第9章），税収入を操作することで景気の調整を行ったり（第12章）することもできます。租税がさまざまな役割を持つ以上，租税のあるべき姿について考えるときには，さまざまな観点から議論をする必要があります。

2.1 応益主義と応能主義

　政府が公共サービスを提供すれば費用が発生します。誰かがこの費用を負担しなければいけないのは明らかですが，公共サービスが広範囲の人々に影響を及ぼすことを考えると，誰に負担させるべきかは明らかではありません。

　このことに関しては，大きく分けて2つの考え方があります。1つは，政府が供給するサービスから大きな便益を受けている人は多くの税金を払い，小さな便益しか受けていない人は少しだけ払えばよいというものです。このような考え方を**応益主義**（**応益説**）と言います。第5章の2で紹介したリンダール・プロセスは，まさにこの考え方に沿った設定になっています。リンダール・プロセスが社会的に最適な公共財供給を実現することからわかるように，応益主義は効率性を重視した考え方になっています。

　もう1つは**応能主義**（**応能説**）と呼ばれるもので，所得や資産の多い人，すなわち税を負担できる能力（担税力）の高い人が多くを負担すべきであるという考え方です。応能主義は公平性，特に垂直的公平性を重視したもので，累進所得税の根拠にもなっています。

2.2 租税の3原則

税金を取られて嬉しい人はいませんが，だからと言って誰からも税金を取らないわけにもいきません。政府が強制的に徴税をする以上，少しでも国民からの不満が出ないように努める必要があります。そこで，理想的な税とは何かということを多くの経済学者が検討しました。古くはアダム・スミスが4つの租税原則を提唱し，ついでワグナー（A. H. G. Wagner），マスグレイブなどがそれを修正する形で独自の租税観を提示しました（片桐［2013］）。これらの主張を集約することで，現在では「**公平，中立，簡素**」の3つの原則に従って税制度を構築すべきであるという考え方が定着しています。

2.3 公 平

第1の原則として，租税は公平に課されなければなりません。こう言われて，それを否定する人はまずいないでしょうから，これは説明の必要がないぐらい当然のことだと思われます。

しかし，実際に公平な税とは何かを考えると，なかなか難問です。第9章でも見たように，まず「公平」という言葉の定義が容易ではありません。全員に同率の税を課すことを公平と言う人もいますし，皆の可処分所得（あるいは消費）が同じになることを公平と言う人もいます。公平という概念にいろいろな解釈がある以上，全員が公平だと思うような税制を作り上げることはできません。

そこで，もう少し細かく分けて考えていくことにしましょう。社会に存在するすべての人を一堂に集め，その人たちを担税力に応じて前から順番に並べるとします。自分より担税力の高い人は前に，低い人は後ろに，そして自分と同程度の人は横に並ぶのです。

このとき，自分の隣にいながら自分よりも納税額の低い人がいるとしたらどうでしょうか。何か釈然としないものを感じるのではないかと思います。このように，担税力が同じなら納税額も同じでなければならないという考え

方を**水平的公平**と言います。

次に，自分の前後にいる人たちとの関係を考えてみます。これに関しては
いろいろな考え方があり得るのですが，前にいる人たちにはたくさんの税負
担をしてもらいたいと思う一方で，後ろの人たちに重い税負担をお願いする
のは気が引けるというのが一般的でしょう。このように担税力の高い人には
税負担を重く，低い人には税負担を軽くすべきであるという考え方を**垂直的
公平**と言います。

これまでに何度も見てきたように，単に公平と言うだけではその定義がは
っきりしません。そこで，租税のように具体的な議論をする場合には水平的
公平，垂直的公平という形で言葉の意味をある程度絞って議論するほうが有
効です。

なお，水平的公平についてはあまり異論が出にくいのに対し，垂直的公平
については必ずしも万人の理解を得られるとは限りません。「社会における
権利や公共財からの便益がすべての個人で同一なら，税負担も同一であるべ
きだ」とか「自分の所得は人並みならぬ努力の賜であり，それが高いからと
言って税負担が大きくなるのは納得がいかない」という主張にも一理がある
からです。

2.4 中 立

租税がすべての経済主体の意思決定に影響を与えないとき，その租税は**中
立的**だと言われます。これが租税の第2の原則です。冒頭で紹介したオラン
ダの間口税は，人々の行動どころか，街並みや文化まで変えてしまったとい
う意味で，中立性からはほど遠い税制と言えます。

第2章で確認したように，各主体の自由な意思決定は社会厚生を最大にし
ます。これを前提とする限り，人々の行動に影響を及ぼさない中立的な税は，
効率的な資源配分を実現することになります。よって，租税を議論する際，
中立と効率は基本的に同じ意味で用いられます。

中立性の議論は，経済学のフレームワークと非常に相性がよく，多くの研

究蓄積が存在します。本章の後半では，中立性に関してわかっていることを細かく理解していくことにしましょう。

2.5 簡　素

　租税原則の第3は簡素性です。これは公平性や中立性（効率性）に比べるとやや地味な扱いを受けやすいのですが，その重要性は決して他の2つに劣りません。

　税制が複雑だと，経済全体にさまざまな負の影響が生まれます。その具体例の1つが，徴税費用の増加です。書類を整えたり，納税額の計算をするのが大変になるだけでなく，税務署でもそれをチェックするための優秀なスタッフが必要になります。このことによって人件費が上がるのはもちろんですが，彼らを徴税という（付加価値を生み出さない）職に縛りつけておくことで，社会的に失われる機会費用も無視できません。

　さらにもう1つの影響として，複雑な税制が脱税や節税のインセンティブを生むということもあります。例えば，累進課税のように所得に応じて税率が変わるというシステムでは，どうしても所得をごまかそうとする人が現れます。それだけでなく，税率の低い国や簡素な国に移住する人が出るかもしれません。

　このように，複雑な税制は，政府の支出面にも収入面にも，そして経済や社会全体にも悪い影響を与える可能性を持ちます。他の条件が変わらないのであれば，租税は簡素であるほうが望ましいのです。

2.6 租税の3原則におけるトレードオフ

　ここまで見てきたように，租税制度は3原則のすべてを満たしていることが望ましいのですが，現実的には，それは難しいとされています。

　例えば，累進所得課税は垂直的公平を実現するのに適した税です。しかし，所得に応じて税率が変わるのですから，これは決して簡素ではありません。

また，人々の労働に関する意思決定に影響を与えるという意味で，中立的でもありません。

経済学の論文では，**一括税**（lump-sum tax）がよく利用されます。これは所得などにかかわらず固定的に課される税のことです。何をしても納税額が固定的であるということは，人々にその行動を変えるインセンティブを持たせないということです。よって，このような税は中立的です。しかし，納税額と所得が無関係であるため垂直的公平とは相性の悪い税です。

Column	**簡素な税は税収入を増やすか**

西暦 2000 年，ロシアのプーチン大統領が就任しました。彼は「強いロシア」の再建を訴え，それに沿っていくつかの改革案を提示しました。そのうち最も有名なのが税制改革で，それ以前は 12%，20%，30% の 3 段階だった所得税率を，すべて一律の 13% にしました。このように所得にかかわらず税率が一定のものをフラットタックスと言います。

フラットタックスの導入は驚くべき効果をもたらしました。なんと，1 年目の税収入が前年度より 25. 2% 増え，2 年目，3 年目もそれぞれ 24.6%，15.2% の増加となったのです。

高所得者の税率を下げたにもかかわらず，なぜ税収入が増えたのでしょうか。その理由としてよく挙げられるのが，「脱税・節税が減ったから」というものです。税率が高ければ脱税・節税をする意味もありますが，税率が 13% 程度なら，脱税のリスクを冒したり，節税のための手間や手数料をかけるよりも正直に申告するほうが無難かもしれません。ロシアでは地下経済がかなり大きな勢力を占めているということを考えると，この主張にはかなりの説得力があります。ロシアの成功を受け，日本でもフラットタックスを導入すべきだという主張をする書物・論説も多く出てきました。

しかし，Keen, *et al.*[2006] がこの幻想を打ち砕くような研究成果を発表しました。彼らがいくつかの国を詳細に分析したところ，フラットタックスによって税収入が増えた国は少なく，ロシアはむしろ例外的であることがわかりました。また，そのロシアにしても税収入の増加はマクロ経済環境の改善によるもので，フラットタックスが要因であるとの証拠を見つけられないとのことです。

フラットタックスによって経済が活性化し，税収入まで増えるという主張はとても魅力的です。特に，経済不振にあえぎ，累積債務に悩まされている国の国民にとってはなおさらです。しかし，現在のところフラットタックスを導入しているのは，東欧などの経済基盤の弱い国か，シンガポール，香港などの極めて小さな国・地域しかありません。経済大国と呼ばれている国がまだどこも導入していないのには，それなりの理由があると考えるべきなのかもしれません。

以上のように，公平性を追い求めると中立性や簡素性が犠牲になり，中立性を追い求めると公平性が犠牲になります。このようなトレードオフ関係のため，租税の3原則を完全に満たす税制を作り上げることは困難です。その時代や経済状況に合わせて，適切な租税制度を調整していく必要があります。

3 / 課税の影響

3.1 課税による社会的余剰の減少

ここからは，課税の影響に関する理論的分析を行っていきます。ある財に対して，$B = B(x)$ という評価関数を持つ消費者と，$C = C(x)$ という費用関数を持つ生産者がいるとしましょう。第2章で確認したように，このような経済における需要関数，供給関数はそれぞれ

　　需要関数：$p = MB(x)$

　　供給関数：$p = MC(x)$

となり，これらをグラフにすると**図表10－1**のようになります。このときの均衡点は E_0 で，均衡点における社会的余剰は $\triangle AE_0O$ です。

次に，政府が供給者に τ_0 の**従量税**を課すケースを考えます。従量税というのは，取引量に応じて課される税のことで，ガソリン税やタバコ税などがその具体例として挙げられます。企業の課税後の利潤は

$$\pi = px - C(x) - \tau_0 x$$

となり，これを最大化すると新しい供給関数が次のように表されます。

$$p = MC + \tau_0$$

ここからわかるように，供給者への従量課税は供給曲線を上に平行移動させます。

このときの均衡点は E_1 で，取引量は OH です。また，消費者は財1単位

図表 10 – 1 ▶▶▶ 課税の影響

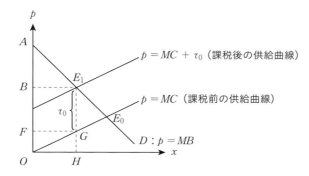

に対して BO の価格を支払いますが、そのうちの BF（$= E_1G$）は税金として政府に納められるため、生産者が受け取るのは FO になります。その結果、消費者余剰は $\triangle AE_1B$、生産者余剰は $\triangle FGO$、政府の税収入が $\Box BE_1GF$、そしてそれらの合計である社会的余剰は $\Box AE_1GO$ となります。これは、課税前の社会的余剰である $\triangle AE_0O$ に比べると $\triangle E_1E_0G$ の分だけ小さくなっています。これが課税による死荷重です。

3.2 従価税のケース

前節では、従量税による課税の影響を確認しましたが、課税形態としてはもう 1 つ、**従価税**と呼ばれるものがあります。これは取引額に応じて課される税のことで、皆さんが普段支払っている一般消費税がそのわかりやすい具体例です。

税率 ρ（< 1）の従価税が企業に課された場合、企業の利潤は

$$\pi = px - C(x) - \rho px$$

と修正され、この最大化条件を求めると、次式を得ます。

$$p = \frac{1}{1-\rho}MC(x)$$

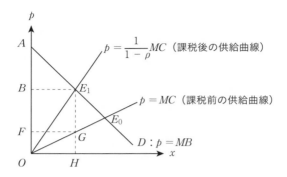

　これは，従価税によって供給曲線の傾きが大きくなることを意味していま
す。ρ が高ければ傾きが急になり，低ければ緩やかになります。ここでは，
課税後の供給曲線がちょうど E_1 を通るように ρ を調整したとしましょう（**図
表 10−2**）。すると，$E_1 G : GH$ が $\rho : 1 - \rho$ となることがわかります[1]。

　このとき，政府の税収入（$\rho p x$）は $\Box BE_1 GF$ と表されます。そしてここか
ら，課税後の消費者余剰は $\triangle AE_1 B$，生産者余剰は $\triangle FGO$ となり，最終的
に社会的余剰が $\Box AE_1 GO$ となります。これらは本章の **3.1** のケースと全く
同じです。ここから，課税による資源配分への影響は，税収入が同じである
限り，従量税でも従価税でも変わらないということがわかります。この性質
は従量税と従価税の等価性と呼ばれています。

　ただし，これが成立するためには市場が競争的であるという前提条件が必
要です。第 7 章で見た独占市場のように企業が価格支配力を持つ場合には，
この等価性が崩れて，社会的余剰の観点からは従価税を使用するほうが望ま
しいということが知られています（この点についてさらに詳しく知りたい人
は，本間他［2005］などを参照して下さい）。

3.3　消費者への課税

　租税論議では，誰に課税をするかということが時々問題になります。ひょ

図表 10−3 ▶▶▶消費者への課税

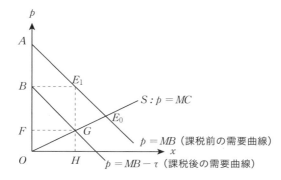

っとしたら，消費者への課税は消費者の負担となり，生産者への課税は生産者の負担となると考えている人がいるかもしれません。でも，話はそんなに単純ではありません。

　本章の **3.1** では生産者に課税したケースを考えましたが，ここでは同額の税（τ_0）を消費者に課してみます。このときの課税後の消費者余剰は

$$CS = B(x) - px - \tau_0 x$$

となり，これを最大化することによって次の関係を得ます。

$$p = MB(x) - \tau_0$$

　これは課税後の需要関数であり，ここから，消費者への従量税は需要曲線を下に平行移動させることがわかります（**図表 10−3**）。

　生産者と消費者で課税額が同じであれば，それぞれの曲線のシフト幅も同じです。よって，このケースにおける新しい均衡点は G となり，このときの価格は FO，取引量は OH で表されます。消費者の総評価額は□AE_1HOであり，ここから□$FGHO$ の支払額を差し引き，さらに□BE_1GF の納税を行うと，納税後の消費者余剰は△AE_1B となります。また，生産者余剰は△FGO，社会的余剰は□AE_1GO となりますが，これらは生産者に税を課したケースと全く同じです。つまり，このようなシンプルな経済では，課税対

象者が消費者であっても企業であっても，資源配分には全く影響がないので
す。

3.4 ドールトンの法則

　ここまでの議論で明らかになったように，課税対象者と租税の負担者は必
ずしも同じではありません。その理由は，市場メカニズムを通じて，課税対
象者がその負担を取引相手に**転嫁**できるからです。

　図表10－4を見てください。ここには，生産者に従量税が課されたケー
スが再び描かれています。本章の**3.1**でも確認したように，このとき消費者
が生産者に支払う価格は BO であり，そのうち生産者は BF を納税して FO
を受け取ります。課税前の価格が IO だったことを考えると，消費者が直面
する価格は課税によって BI だけ上がったことになります。これが生産者か
ら転嫁された消費者の負担です。そして，生産者が受け取る価格は IO から
FO に低下します。つまり，生産者の負担は $BF - BI = IF$ となります。

　1単位の取引当たりの納税額である BF（$= E_1 G$）のうち，消費者と生産
者が負担する分の比率を求めます。

図表 10－4 ▶ ▶ ▶ 租税の負担

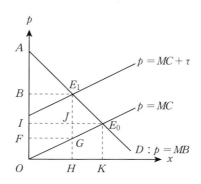

$$\frac{消費者の負担}{生産者の負担} = \frac{BI}{IF} = \frac{E_1 J}{JG} = \frac{E_1 J / JE_0}{JG / JE_0}$$

$$= \frac{OK/IO}{OK/IO} \cdot \frac{E_1 J / JE_0}{JG / JE_0} \tag{10.1}$$

ここで，課税前における消費者にとっての取引量と価格の組み合わせを(x_D, p_D)で表し，同様に生産者にとっての取引量と価格の組み合わせを(x_S, p_S)で表すとします。また，各変数の変化量を Δ（デルタ）で表現すれば，(10.1)式は次のように書き換えられます。

$$\frac{消費者の負担}{生産者の負担} = \frac{x_D / p_D}{x_S / p_S} \cdot \frac{\Delta p_D / \Delta x_D}{\Delta p_S / \Delta x_S} \tag{10.2}$$

ここで，需要の価格弾力性を ε_D，供給の価格弾力性を ε_S とおきます[2]。これらを（10.2）式に代入すると，最終的に次式が導出されます。

$$\frac{消費者の負担}{生産者の負担} = \frac{1/\varepsilon_D}{1/\varepsilon_S} = \frac{\varepsilon_S}{\varepsilon_D} \tag{10.3}$$

これは**ドールトンの法則**（Dalton's law）と呼ばれる関係を表しており，課税による消費者と生産者の負担比率は，需要と供給の価格弾力性比率の逆数によって決まるということを意味しています。

租税の負担を考えるとき，私たちはついつい課税対象を誰にするかという点に注目してしまいます。しかし実は，誰に課税するかは本質的な問題ではありません。重要なのは，どのような財に課すかということです。供給の価格弾力性に比べて，需要の価格弾力性が小さな財（食料品やエネルギーなど）に課税すれば消費者の負担が大きくなり，逆に需要の価格弾力性が大きな財（娯楽品や装飾品など）に課せば，生産者の負担が大きくなります。

4 / 2財モデル

4.1 所得税

　本章の**3**では財が1つしかないケースを扱ってきましたが，ここでは財が2つあるケースを考えます。経済にはX財とY財が存在し，それぞれの価格をp_x, p_yで表します。また，個人の所得をmとして，政府が税率τ_Iの比例所得税を課したとします。つまり，政府の税収入は$T_I = \tau_I m$となります。このときの両財の消費量をそれぞれx, yとすると，個人の予算制約式は

$$(1 - \tau_I)m = p_x x + p_y y \tag{10.4}$$

と表されます。

　消費者の最適化行動の様子は**図表10−5**で示されます。課税前の均衡点はE_1ですが，課税によって予算制約線が下方に平行移動し，その結果，均衡点がE_2に移ります。

図表10−5 ▶▶▶ 比例所得税の効果

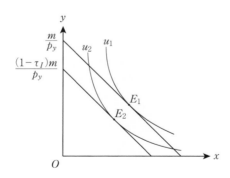

4.2 ▶ 一般消費税

次に，一般消費税の影響を確認します。すべての財の消費に対して，一律 τ_C の従価税が課されたとすると，消費者の予算制約式は次のようになります。

$$m = (1 + \tau_C)p_x x + (1 + \tau_C)p_y y \tag{10.5}$$

このときの税収入は $T_C = \tau_C(p_x x + p_y y)$ であり，これを（10.5）式を使って書き直すと $T_C = \tau_C m/(1 + \tau_C)$ となります。ここで，比例所得税と一般消費税の影響を比べるために，両者の税収入が同じになる状況を想定します。$T_I = T_C$ から，$\tau_I = \tau_C/(1 + \tau_C)$ が導出され，これを前提にすれば，（10.4）式と（10.5）式は一致します。ここから，税収入が同じである限り，一般消費税は比例所得税と同じ効果を持つことがわかります。

4.3 ▶ 個別消費税

最後に，特定の財だけにかかる個別消費税の影響を確認しましょう。ここでは，X 財の消費にだけ τ_S の従価税が課せられるケースを想定します。すると，このときの予算制約式は

$$m = (1 + \tau_S)p_x x + p_y y \tag{10.6}$$

となります。比例所得税や一般消費税のケースでは予算制約線が平行移動するのに対し，個別消費税ではその傾きが変わります（**図表 10−6**）。税率 τ_S を大きくすれば予算制約線の傾きも大きくなり，逆に τ_S を小さくすれば，予算制約線の傾きも小さくなります。そして，その予算制約線に合わせて均衡点が変わり，結果的に税収入も変わります。

ここで，比例所得税（一般消費税）と個別消費税のどちらが高い効用を実現するかを見てみましょう。そのためには，それぞれの税収入が同じになるところで比較する必要があります。それを表すのが**図表 10−7** の E_4 点です。この点は，個別消費税を課した後の予算制約線と無差別曲線の接点です

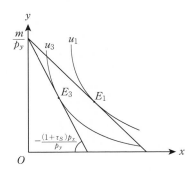

が，同時に，2 本の予算制約線（個別消費税を課した後の予算制約線と比例所得税を課した後の予算制約線）の交点でもあります。

E_4 点における両財の消費量をそれぞれ (x_S, y_S) とします。E_4 点は 2 つの予算制約線の交点ですから，(x_S, y_S) は次の 2 本の方程式を同時に満たします。

$$m = (1 + \tau_S)p_x x_S + p_y y_S \qquad : (10.6)\ 式$$

$$(1 - \tau_I)m = p_x x_S + p_y y_S \qquad : (10.4)\ 式$$

ここで，上の式から下の式を引くと

$$\tau_I m = \tau_S p_x x_S \qquad\qquad (10.7)$$

という関係が導出されます。この左辺は比例所得税による税収入（T_I），右辺は個別消費税による税収入（T_S）を表しています。よって，(10.7) 式は $T_I = T_S$ と書き換えられ，ここから，E_4 点では比例所得税における税収入と個別消費税における税収入が一致していることがわかります。

図から明らかなように，E_4 点における効用水準は E_2 点における効用水準より低くなっています。つまり，同じ税収入を確保するのであれば，個別消費税よりも比例所得税や一般消費税のほうが望ましいのです。その原因は，個別消費税によって予算制約線の傾きが変わってしまうところにあります。一般的に，財の価格比を変えてしまう政策は，価格比を変えない政策に比べ

図表 10－7 ▶▶▶個別消費税と比例所得税の比較

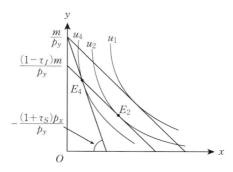

| Column | 消費税の軽減税率 |

　日本の消費税率は，2014 年 4 月に 8% になり，さらに 2019 年 4 月には 10% にまで引き上げられました。消費税は所得にかかわらず一律に課されるため，その税率の引き上げは，特に生活が苦しい世帯の家計を厳しくするという問題点があります。

　そこで 2019 年の引き上げにあわせて導入されたのが，食料品に対する軽減税率の適用です。食料品の税率を 8 ％にとどめることで，人々の生活水準の悪化を最小限に食い止めるのが狙いです。

　この政策は海外でも広く活用されていることもあり，一見望ましいように思われます。しかし実は，多くの経済学者は軽減税率に反対の立場をとっています。その理由は本文でも示したように，特定の財だけに税を課したり，逆に特定の財だけを免税したりして，財の価格比を変えてしまうと，資源配分の効率性が損なわれてしまうからです。残念ながら，軽減税率のこのようなデメリットは，ほとんどの人にあまり認識されないまま，導入が決まってしまいました（それ以外にも，どの財に軽減税率を適用し，どの財に適用しないかの線引きが難しいとか，政治家や官僚の利権の温床になるという問題もあります）。

　誤解しないでほしいのは，経済学者は決して「生活困窮者への配慮は不要である」と言っているわけではないということです。彼らに対する支援は，社会保障やその他の税制（例えば負の所得税）によって行われるべきであり，消費税の枠組みでなされるのは不適切であると指摘しているに過ぎません。

　今後さらに消費税率が引き上げられるようなことになれば，軽減税率の引き下げや，その対象範囲の拡大を求める声が大きくなるかもしれません。このような問題では往々にして感情的になりやすいのですが，租税の 3 原則をふまえたうえで，冷静に議論することが望まれます。

て効率性で劣ります。本章の最初に紹介した間口税のように特定のものを狙い打ちするような税や，逆に特定の財を優遇するような税は，少なくとも効率性の観点から言えば正当化されません。

4.4 労働時間の選択

ここまでの議論は，各個人の所得が一定であることを前提としてきました。しかし，私たちは労働時間を調整することで所得を増やしたり減らしたりすることができます。

ある個人が1日24時間のうち ℓ を余暇として過ごし，$24 - \ell$ を労働時間にあてるとします。財の消費量を x，時間当たりの賃金率を w，財価格を p とすれば，予算制約式は次のように表されます。

$$w(24 - \ell) = px$$

左辺が労働所得，右辺が消費額です。個人はこの式を制約として，効用 $u(x, \ell)$ を最大化するように x と ℓ を決めるとすると，その均衡点は**図表10−8**の E_1^I 点になります。

ここで，政府が一括税を課すケースを考えます。本章の**2.6**で説明したように，一括税は所得にかかわらず固定的に課される税です。その税額を τ_F とすると，個人の予算制約式は次のように書き換えられます。

$$w(24 - \ell) - \tau_F = px$$

その結果，予算制約線が左下に平行移動し，均衡点が E_2^I に変わります。

次に比例所得税のケースを考えます。所得税率を τ_I とすると，予算制約式は

$$(1 - \tau_I)w(24 - \ell) = px$$

と書き換えられます。その結果，**図表10−9**で示されているように予算制約線の傾きが変わり，均衡点が E_3^I 点へと移動します。

図表 10−8 ▶ ▶ ▶一括税の効果

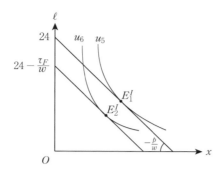

図表 10−9 ▶ ▶ ▶比例所得税の効果

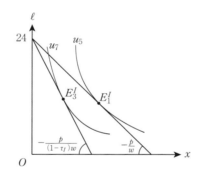

さて，一括税，比例所得税ともに効用を下げてしまうのですが，同じ額だけの税金を集めるとしたら，比較的下げ幅の小さいのはどちらでしょうか。

ここまでの議論が理解できていれば想像がつくように，一括税は効用を比較的小さく下げ，比例所得税は大きく下げます。つまり，比例所得税のほうが効率性で劣ります。これは一括税が予算制約線の傾きを変えないのに対し，比例所得税は傾きを変えてしまうからです。

厳密な分析は練習問題として皆さんにお任せしますので，**図表 10−7** を参考にしながら結論を導出してみてください。

欧米諸国では，消費税率が高いこともあり，生活必需品などに消費税の軽減・免税措置を導入しているところが多い。対象となる財，適用条件と適用税率，その政策による効果と問題点などについて調べてみよう。

3世帯（A～C）からなる社会があり，そこで政府が公共財を供給している。公共財の供給費用は120であり，それぞれの世帯の特徴は次の表のようにまとめられている。

世帯	年収	家族構成	公共財からの便益
A	500	独身	40
B	500	夫婦，子供2人	80
C	300	独身	40

公共財の供給費用は税金で賄われるとすると，政府はA～Cの世帯からそれぞれいくらずつ税を徴収すべきだろうか。議論してみよう。

1. 1財モデルを考える。その財を消費することによって得られる便益が $B(x) = 36x - 2x^2/3$ であり，その財を生産するのに必要な費用が $C(x) = x^2/3$ で表されているとしよう。

   (1) この財に対する需要関数，供給関数，競争均衡を求めよ。

   (2) 生産者に対し，$\rho = 3/8$ の従価税を課したとする。課税後の供給関数を求めよ。

   (3) 生産者に対し（2）と同額の税収を確保するような従量税を課したとする。単位当たりの税額をいくらに設定すればよいか（答えが複数になるときは税額の小さいほうを選ぶものとする）。また，課税後の供給関数はどのように表されるか。それぞれ求めよ。

   (4) （3）のケースにおいて，消費者に転嫁された税額（1単位当たり）はいくらか。

   (5) 消費者に対し，（3）と同額の従量税を課したとする。課税後の需要関数を求めよ。

(6) (5) のケースにおいて，生産者に転嫁された税額（1 単位当たり）は
いくらか。

(7) 消費者に対し，$\rho = 3/5$ の従価税を課すとする。課税後の需要関数を
求めよ。

(8) それぞれのケースにおける消費者余剰，生産者余剰，社会的余剰，死
荷重を求め，課税形態，課税対象によって負担の違いがないことを確
認せよ。

2　次のような 2 つの市場を考える。

市場 A：需要関数 $p = 100 - 2x$，供給関数 $p = x/2$

市場 B：需要関数 $p = 80 - 3x/2$，供給関数 $p = x/2$

(1) 両市場における均衡価格と均衡取引量を求めよ。

(2) 均衡における需要の価格弾力性，供給の価格弾力性をそれぞれの市場
について求めよ。

(3) 供給者に対し，τ の従量税を課したとする。そのうち，何 % が需要者
に転嫁されるか。それぞれの市場について求めよ。

3.　X, Y という 2 つの財が取引されている経済を考える。社会的な効用関数が
$u = x^{\frac{1}{2}} y^{\frac{1}{2}}$ （x, y は X 財，Y 財の消費量），X 財の価格が 1，Y 財の価格が 2
であるとする。また，所得は 60 である。

(1) この経済における両財の均衡消費量と効用水準を求めよ。

(2) ここでは,比例所得税の効果について考える。税率を 10% としたとき,
両財の均衡消費量，消費者の効用水準，そして租税収入額はいくらに
なるか。

(3) ここでは一般消費税の効果について考える。税率を τ_C として，両財の
消費量と租税収入額をそれぞれ τ_C を用いて表せ。

(4) (2) における税収入と同額の税収入を (3) においても得られるように
したい。税率 τ_C をどのような水準にすればよいだろうか。分数で表せ。
また，そのときの両財の均衡消費量と効用水準をそれぞれ求めよ。

(5) ここでは X 財に対する個別消費税の効果を考える。税率を τ_S とした
とき，課税後の消費量と税収入をそれぞれ τ_S を用いて表せ。

(6) (2) における税収入と同額の税収入を (5) においても得られるように
したい。税率 τ_S をどのような水準にすればよいだろうか。分数で表せ。

また，そのときの両財の均衡消費量と効用水準をそれぞれ求めよ。

(7) (2)(4)(6)の様子を同一平面上に図示せよ。ただし，縦軸に y，横軸に x をとるとする。

▶▶▶さらに学びたい人のために ─────────────

● 貝塚啓明［2003］『財政学』東京大学出版会。

● 諸富徹［2013］『私たちはなぜ税金を納めるのか─租税の経済思想史』新潮社。

● 土居丈朗［2018］『入門公共経済学（第2版）』日本経済評論社。

● 土居丈朗［2021］『入門財政学（第2版）』日本経済評論社。

【注】

1 $GH = 1$ とすると，$E_1H = 1/(1-\rho)$ となるので，$E_1G = 1/(1-\rho) - 1 = \rho/(1-\rho)$ となります。ここから，$E_1G : GH = \rho : 1-\rho$ が導かれます。

2 価格弾力性とは価格の変化率に対する需要あるいは供給の変化率の比のことで，

$$\varepsilon_i = \frac{p_i}{x_i} \cdot \frac{\Delta x_i}{\Delta p_i}$$

と定義されます（$i = D, S$）。

参考文献

● 片桐正俊［2013］『財政学─転換期の日本経済（第2版）』東洋経済新報社。

● Keen M., Kim Y., R. Varsano［2006］"The "Flat Tax(es)": Principles and Evidence," IMF Discussion Paper.

● 本間正明・神谷和也・山田雅俊［2005］『公共経済学』東洋経済新報社。

第 **11** 章 年　金

Learning Points

▶日本の年金制度はどのような特徴を持っているか。

▶政府が年金制度を管理する理由は何か。

▶少子高齢化時代において，年金制度をどのように改革すれば良いだろうか。

Key Words

国民皆年金　日本の年金制度　賦課方式　積立方式　二重の負担

1 お得なギャンブル

　何かのギャンブルを思い浮かべてください。競馬でも toto でも宝くじでも何でも良いです。これらのギャンブルに参加するためには，まず参加料が必要です。競馬なら馬券，toto なら toto チケットを購入しなくてはいけません。そして，ギャンブルの主催者はその参加料を集めたうえで，一部を運営費や自分たちの報酬にあて，残りを参加者に返します。

　どんな返し方をするかはそのギャンブルに依存します。一般的には，何らかのイベントの中で一定条件に達した参加者に多くのお金を払い，残りの参加者にはゼロか，あるいはそれに近い金額しか払わないという形をとることが多いようです。

　この結果，得をすることもあれば，損をすることもあります。これがギャンブルの醍醐味です。しかし参加者全体で見た場合，ギャンブルの主催者が参加料の一部を徴収してしまう分，必ず損をします。競馬であれば主催者が受け取る割合（控除率）は 25％とされています。つまり，参加者が 1 万円の資金を馬券に投じても平均的には 7,500 円しか返ってきません。競艇や競

輪の期待値も同じく75%，totoは50%，宝くじは47%程度です。宝くじは最も期待収益率の低いギャンブルの1つで，1万円を投入しても平均的には4,700円程度しか返ってきません。このため，「宝くじは愚か者に課せられる第2の税金」と揶揄されることもあります。

　このように，基本的には期待収益率が100%を超えるギャンブルはありません。ちょっと考えればわかるように，仮にそんなものがあったとしても胴元がすぐに破産してしまい，長続きしないのです。

　でも，実は身近なところにとってもお得なギャンブルが存在しています。もちろん，それによって損をする人もいれば得をする人もいるのですが，期待収益率は100%以上という素晴らしいものです。どれぐらい儲かるかというと，例えば1940年生まれの人が参加した場合，100円の元本が平均的に450円になって返ってきたそうです（厚生労働省［2013］）。何だと思いますか。その答えは，日本の公的年金です。

　こう言うと「年金はギャンブルなんかじゃない」とか「世代間の助け合いの精神を愚弄するな」と怒り出す人がいるのですが，ちょっと冷静に考えてみましょう。日本の公的年金のシステムは，みんなでお金（保険料）を出し合って，ある一定の条件（老齢，障害など）に達した人に給付するという仕組みになっています。これは先ほど述べたギャンブルの特徴と全く同じです。保険料という参加費を払った人の中で，運良く長生きできた人はたくさんのお金をもらえて，残念ながら早くに亡くなってしまった人は保険料に見合うだけの給付を受け取れません。生存権の保障や相互扶助という高邁な理念を取り除いて，単純にお金の流れだけを見るならば，公的年金に加入するというのは，自分が長生きをすることに賭けるギャンブルと同じ意味を持っているのです。

2　揺らぐ信頼

　前述のように，これまでのところ，日本の公的年金は加入者の多くが得を

するという素晴らしい制度でした。しかし，この状況が変わりつつあります。医療の発達や生活環境の改善によって平均寿命が延びる一方で，少子化によって保険料を負担する人が減ったため，給付と収入のバランスが崩れてしまったのです。

　通常のギャンブルの場合，胴元が損失を出すような状況に直面すれば，「当たり」が出る割合を下げたり，「当たり」の配当を減らすことによって対応します。年金も同様で，現在の平均寿命と出生率を前提とする限り，支給開始年齢を上げて受給者の数を減らすか，支給額を下げるかを選択せざるを得ません。しかし，このいずれか（あるいは両方）を実行すると不利益を被る人たちがたくさん現れるので，政治家も国民も問題を先送りしようとしています。

　これは，胴元が損失を出しながらギャンブルを続けているのと同じことです。つまり，いつかは立ち行かなくなります。ほとんどの人はそのことに気づいているようで，日本の年金制度に対する信頼は崩壊しつつあります。年金制度を信頼しているかどうかを聞いたアンケートによれば，信頼していると答えた人の割合は約25％，信頼していないと答えた人の割合が75％近くに達しています（「日本経済新聞」2012年8月26日付）。

　図表11-1には，日本の国民年金納付率が示されています。1970年代半ばから80年代の半ばまでの納付率は90％を超えていましたが，それ以降は急激な低下に見舞われています。1985年ごろに納付率が大きく落ち込んだ原因は，それまでの職域単位の年金制度から全国民共通基礎年金制度へ移行したことにあると考えられています。また，2002年～2003年にかけては，保険料徴収業務を地方自治体から国に移管した時期と重なっています。その後，2003年～2004年には，年金記録問題や政治家の保険料未納が大きくマスコミに取り上げられ，公的年金制度に対する国民の信頼が損なわれました。しかし，たとえそうであるとしても，私たちにとって年金制度は必要不可欠なものです。本章では，現在の日本の年金制度を概説したのち，公的年金が必要とされる理由や日本の年金制度の抱えている問題について考察していきます。

図表 11 − 1 ▶ ▶ ▶ 国民年金の（現年度）納付率

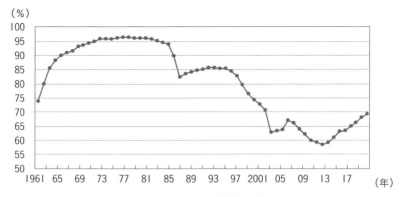

出所：厚生労働省「年金財政ホームページ」および「令和元年度の国民年金の加入・保険料納付状況について（令和 2 年 6 月 29 日）」。

3 / 日本の年金制度

　現在の日本は，原則として 20 歳以上 60 歳未満のすべての国民が公的年金に加入する国民皆年金制度をとっています。**図表 11 − 2** にあるように，20歳以上 60 歳未満の国民は全員が 1 階部分と呼ばれる基礎年金（国民年金）に加入しています。公務員と民間企業の会社員は，基礎年金部分に加え，厚生年金に加入することになっています。さらに 3 階部分に相当する形で，厚生年金基金等があります。2 階部分としての厚生年金に加入できない自営業者等は，1 階部分に上乗せした付加年金，国民年金基金，確定拠出年金等の制度を任意で利用することができます。

　日本の年金制度は，職業ごとに個別に発展してきたため，現在でも職種によって加入する年金が異なります。歴史的な経緯からすると仕方ない部分はありますが，転職するたびに年金が変わったり，加入する年金によって受給額や負担額が変わるのは，やはりいろいろな意味で望ましいとは言えません。そこで年金制度を一元化し，シンプルで公平な形に再構築すべきだという意見から，2015 年に公務員が加入する共済年金と民間企業の会社員が加

図表 11−2 ▶ ▶ ▶ 日本の年金制度

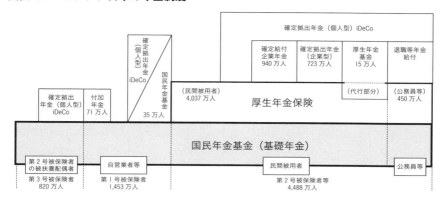

注：数値は令和 2 年 3 月末現在。
出所：企業年金連合会ホームページ。

入する厚生年金が一元化されました。日本年金機構のホームページによれ
ば，2021 年時点の国民年金（老齢基礎年金（満額））の年金額は月額 6 万 5
千円程度，平均的な収入で 40 年間就業した場合の厚生年金の年金額（夫婦
2 人分の老齢基礎年金を含む標準的な年金額）は約 22 万円になっています。

4 / 年金を公的に制度化する理由

　年金の制度化は 19 世紀後半，統一ドイツの宰相ビスマルクの時代になさ
れました。その目的は，人生における経済リスクや自己責任によらない貧困
を緩和することにあります。私たちは，高齢によって体力的に働くことがで
きなくなったり，障害や長期療養を要する病気やけがをするといったリスク
に直面しています。あるいは思いもかけず長生きして，蓄えていた貯蓄が足
りなくなることがあるかもしれません。**図表 11−3** には，年金の支給開始
年齢，20 歳から支給開始年齢までの生存率，開始年齢での平均余命が記さ
れています（「日本経済新聞」2012 年 3 月 14 日付）。1987 年生まれの人であ
れば，65 歳まで生きる確率が 90〜95%，65 歳まで生き残ったら，そこから

図表 11-3 ▶▶▶平均余命

生年	性別	支給開始年齢	20歳から開始年齢 までの生存率	開始年齢で の平均余命
1927	男	60	82%	22年
	女	50	90%	32年
1947	男	60	90%	24年
	女	60	95%	30年
1967	男	65	88%	22年
	女	65	95%	27年
1987	男	65	90%	22年
	女	65	95%	28年

男性で平均22年，女性で28年は生きるのだそうです。これを見て，65歳を超えてからの人生が意外に長いと思った人も多いのではないでしょうか。事故などで早く死ぬリスクもあるのですが，自分の想像していたよりも長く生きすぎるリスクもあるのです。

　このような，個人の責任に帰すことのできない寿命等に関わるリスクを社会で広く引き受けようとするのが年金保険制度です。年金については一部に私的年金も販売されていますが，日本では公的に全員が加入する制度がつくられています。政府が強制力をもって年金制度を運営する理由として経済学の立場から挙げられるのは，第9章でも取り上げた逆淘汰問題です。

　仮に民間企業が年金保険を取り扱うようになるとしましょう。このとき，加入者と保険会社の間には情報の非対称性が存在します。加入者は，自分が健康で長生きするタイプなのか，それとも体が弱く長い人生を享受できないタイプなのかをおよそわかっています。しかし，保険会社は国民のうち誰がどちらのタイプであるか把握できません。そのようなときに，65歳から年金を受け取ることができる保険を売り出したとすると，それを購入するのは，65歳を超えても健康で長生きする人ばかりとなります。そうなると保険給付がかさんでしまって民間保険会社の経営は立ち行かなくなってしまうでしょう。このような言い方が正しいかどうかわかりませんが，利益の観点

からすると，民間保険会社にとって「良い（＝長生きしない）」人は，保険市場から出て行ってしまい，「悪い（＝長生きする）」人ばかりが加入することになります。その結果，保険会社が利益を上げることができず，保険市場が崩壊してしまいます。このような事態を防ぐには，すべての国民に強制的に加入させる必要があるのです。

5 　年金を公的に制度化する場合の問題

　国民全員が政府の運営する公的年金制度に加入すると，さまざまなリスクから開放され，老後の生活に安心感が生まれます。これは良いことなのですが，他方でその安心感が経済成長に負の影響をもたらすこともあります。

　もし年金制度がなければ，人々は将来のために計画的に貯蓄をし，老後の生活を支えるために多少の年齢を重ねても健康に留意して働き続けるでしょう。ところが，公的年金制度によって老後の生活が保障されると，以前よりも貯蓄を減らしたり，早期に退職して長く余暇を楽しもうとする人が出てくるかもしれません。前者の効果を**資産代替効果**，後者を**退職誘因効果**と呼びます。このような行動は，個人の合理的判断としては正しいかもしれませんが，社会全体にはマイナスになります。一国の経済成長には豊富な労働力と，貯蓄を背景にした資本蓄積が重要な役割を果たすからです。その結果，年金制度の整備は経済成長と負の相関を持つことになります（コラム参照）。

　私たちは生活の中でさまざまなリスクに直面しており，それを回避するために何らかの対策をとります。交通事故を起こさないために注意して運転したり，家を火事で燃やしてしまわないために火の元の管理をしたりするのがその一例です。しかし，保険によってそのリスク（の一部）から解放されると，リスク管理がおろそかになりがちです。事故を起こしても修理費を自分で払わなくて良いとなると，乱暴な運転をする人が出るかもしれません。火事になっても保険会社が家を建て直してくれるということになれば，火事を恐れる気持ちが薄らぐかもしれません。このように，保険によってリスク回

年金制度と貯蓄意欲および退職行動の関係を定量的に行った分析として有名なのは，1974 年に発表されたフェルドシュタイン（M.Feldstein）の研究です（Feldstein [1974]）。年金制度が整備されると人々の貯蓄が低下する一方で，早期に退職する誘因が高まります。早期退職をするといわゆる余生が長くなりますし，多少なりとも年金給付額が減少するので，早めの退職を考える人は労働期に貯蓄を増やしておく誘因を持ちます。彼は，年金制度の持つ 2 つの要因のどちらが強く作用するかを米国のデータを用いて調べました。その結果，米国に年金制度があるゆえに，人々は貯蓄額をおよそ半分に減らしているという結果を得ました。貯蓄の低下が生産に貢献する資本ストックの減少につながり，結果として経済成長を阻害することになります。その影響として，フェルドシュタインは人々の賃金は年金制度の存在によって 15％程度低くなっているという見解を出しています。人々のためを思って設計された年金制度が人々の経済力を大きく阻害している可能性を指摘した彼の研究には大きな反響があり，その後，多くの追試や他国での検証を行う研究につながっていきました。

避行動が変わり，その結果として社会全体に非効率性が生じることを**モラルハザード**と言います。年金保険によって貯蓄率や労働供給が減ってしまうのも一種のモラルハザードです。

6 積立方式と賦課方式

6.1 2 つの年金制度

日本における現在の年金制度のもとでは，若い世代が保険料を納め，それを高齢世代が年金として受け取る形の世代間扶助が行われています。これを**賦課方式**（pay-as-you-go system）と呼びます。現在の日本は少子高齢化が急速に進展しているのですが，賦課方式のもとで，高齢者の寿命が延び，若年層が減っていくと，必然的に年金財政は苦しくなります。このような現状に対して，**積立方式**（funded system）と呼ばれる年金制度への移行を求める声も高まっています。積立方式の下では，若い時期に収めた年金保険料を

図表 11 – 4 ▶ ▶ ▶ 2 期間世代重複モデル

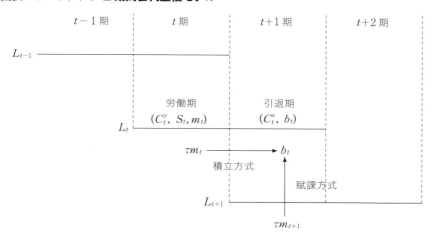

国が運用し，それを自分が高齢期になってから受け取ることになります。賦課方式と積立方式のどちらをどのようなときに採用すべきなのでしょうか。以下では，世代重複モデル（Overlapping Generations：OLG）を使って，この問題を考察していきます（**図表 11－4**）。

6.2 モデル

　人間の一生はおおまかに 2 期間（労働期，引退期）からなるとし，第 t 期に労働期にいる世代を世代 t と呼ぶことにします。彼らは，人生の前半期（労働期）に社会に出て働き，所得（m_t）を得ます。所得の一部（τm_t）を年金保険料として政府に支払った後，残りを消費（C_t^y）と貯蓄（S_t）に回します。なお，τ は年金保険料率です（$\tau < 1$）。

　ここまでの関係をまとめると，世代 t の若年期の予算制約式が求められます。

$$C_t^y + S_t = (1-\tau)m_t \tag{11.1}$$

次に，人生の後半期（引退期）の行動を見ていきましょう。この期におけ

図表 11 – 5 ▶▶▶生涯にわたる予算制約線

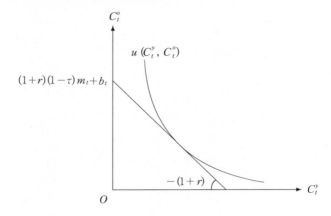

る消費（C_t^o）は，労働期に行った貯蓄と政府から支給される年金給付（b_t）によって賄われます。利子率を r とすると，引退期の予算制約式が次のように表されます。

$$C_t^o = (1+r)S_t + b_t \tag{11.2}$$

ここで（11.1）式と（11.2）式を組み合わせると，生涯にわたる予算制約式を次のように得ます。

$$(1+r)C_t^y + C_t^o = (1+r)(1-\tau)m_t + b_t \tag{11.3}$$

個人は，この式を制約として，効用 $u(C_t^y,\ C_t^o)$ を最大化するように C_t^y と C_t^o を決定します。その様子を描いたのが**図表 11 – 5**です。年金給付額である b_t が多くなれば，予算制約線が上にシフトして，高い効用を実現することがわかります。

6.3 賦課方式

賦課方式における 1 人当たりの年金給付額を b_t^P として，$t+1$ 期における政府の予算制約式を見ると次のようになります。

$$b_t^P L_t = \tau m_{t+1} L_{t+1} \tag{11.4}$$

左辺は引退世代に支給する年金給付の総額，右辺は労働期にいる世代が納める年金保険料の総額です。今，人口成長率を n，所得の成長率（≒経済成長率）を g とすると，それぞれ

$$n = \frac{L_{t+1} - L_t}{L_t}$$

$$g = \frac{m_{t+1} - m_t}{m_t}$$

と定義されます。そして，この関係を使うと(11.4)式が次のように書き直され，賦課方式における年金給付額が求まります。

$$b_t^P = \tau m_t (1+n)(1+g) \tag{11.5}$$

6.4 積立方式

次に，積立方式のケースを考えます。この方式では，労働期に積み立てられた保険料は政府によって運用され，引退期になったときに利子付きで戻ってきます。したがって，積立方式における1人当たり年金給付額を b_t^F とすると，世代 t に対する政府の予算制約式は以下のようになります。

$$b_t^F L_t = L_t \tau m_t (1+r) \tag{11.6}$$

左辺は引退期に達した世代 t に対する年金保険の支払総額，右辺は労働期に納めた保険料が運用された結果として支給可能な財源を表します。この式の両辺を L_t で割ると，積立方式における1人当たりの年金給付額が求まります。

$$b_t^F = \tau m_t (1+r) \tag{11.7}$$

6.5 制度の比較

賦課方式と積立方式の違いを確認するために，もう一度，**図表11−5**を見てみましょう。この図において1人当たりの年金給付額（b_t）が大きくなれば，人々の効用は高くなるということでした。

その b_t の値は，賦課方式を採用した場合には（11.5）式，積立方式を採用した場合には，（11.7）式で表されることがわかっていますので，賦課方式と積立方式のどちらが人々の効用をより高めてくれるかは，$(1+n)(1+g)$ と $(1+r)$ の大小によって決まります。そして，現在の日本のように g がゼロに近い水準にあるとすれば，最終的に年金制度の優位性は人口成長率と利子率の相対的な大きさによって決まります。$n > r$ のときには賦課方式のほうが望ましく，$n < r$ のときには積立方式のほうが望ましくなるのです。

図表11−6には，1995年から2020年までの $(1+n)(1+g)$ と $(1+r)$ の値が示されています。これをみると，2013年から2017年までは賦課方式のほうが優位になる状況が続いていましたが，それ以外は基本的に積立方式のほうが望ましい状況になっているように見えます。

図表 11−6 ▶▶▶ 賦課方式と積立方式の比較

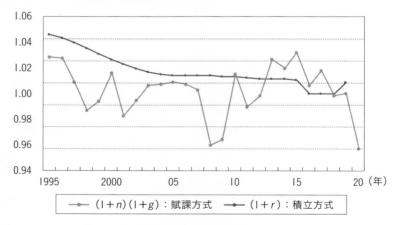

出所：United Nations, World Population Prospects 2019, 財務省「国債等関係資料：普通国債の利率加重平均の各年ごとの推移（昭和50年度末以降）」，内閣府「国民経済計算（GDP統計）」。

年金保険に限らず医療保険についても，同様の分析が可能となります。人口成長率が低下した現在において，年金・医療の両制度において積立方式への移行が求められているのにはこのような理由があるとも言えます。

7 制度改革の難しさ

7.1 二重の負担

日本ではすでに人口減少時代が始まっており（つまり $n<0$），これから数十年にわたってその傾向が続くとされています。前節の議論によれば，このような経済では，賦課方式よりも積立方式のほうが望ましいということになります。しかし，だからといって，現状の制度を白紙にして新しい制度に切り替えることが正当化されるわけではありません。実際に制度の移行を実施しようとすると，**二重の負担**と呼ばれる問題に直面するからです。以下では，小塩［2004］を参考に，この問題について考えてみましょう。

政府が世代 t 以降に対し，年金システムを賦課方式から積立方式へと切り替えたとします。このとき困るのは世代 $t-1$ です。それまで納めていた年金保険料は，賦課方式の下ですでに世代 $t-2$ に配られてしまっているため，もう残っていません。一方で，世代 t 以降では積立方式に切り替わるため，彼らからお金をもらうこともできません。結局，世代 $t-1$ は前の世代を支えつつも，自分たちの老後の資金は自分たちで何とかしなければならないという不条理な状況に陥ります。これを二重の負担と言います。

二重の負担がある限り，世代 $t-1$ がこんな制度改革に賛成することはありません。そこで，政府は公債を財源として世代 $t-1$ に年金を給付することにします。そして，t 以降の世代で分担して少しずつ公債を償還します。特定の世代に負担を偏らせなければ，制度改革に賛成してくれるかもしれません。以下では，この方法によって制度改革がうまくいくかを見ていきましょう。なお，議論を簡単にするために，経済成長率をゼロとし（$g=0$），所

得水準, 人口成長率は世代にかかわらず一定（$m_{t-1} = m_t = ... = m$, $n_{t-1} = n_t = ... = n$）であるとします。

7.2 　世代 t の予算制約

政府は世代 $t-1$ に年金を給付するため，$b^P_{t-1} L_{t-1}$ だけの公債を発行します。そして，これを償還するために世代 t 以降から 1 人当たり α の一括税を徴収するものとします。すると，世代 t の労働期の予算制約式（11.1）式は次のように変化します。

$$C^y_t + S_t = (1-\tau)m - \alpha \tag{11.8}$$

世代 t 以降は積立方式へ移行するので，引退後には $b^F_t = (1+r)\tau m_t$ の年金給付を受け取ります。これを前提に（11.8）式と（11.2）式を組み合わせると，生涯の予算制約式が以下のようになります。

$$(1+r)C^y_t + C^o_t = (1+r)(m - \alpha) \tag{11.9}$$

7.3 　政府の予算制約

次に政府の予算制約式を見てみます。世代 t に対して 1 人当たり α の課税をすると，この世代からはトータルで αL_t の税収を得ます。世代 $t+1$ にも同様の課税をすると，この世代からの税収は αL_{t+1} となります。ただし，これは 1 世代後に入ってくるお金なので，その値を現在価値に割り引かなくてはいけません。その値は $\alpha L_{t+1}/(1+r)$ となります[1]。

このように，世代 t 以降，無限の将来にわたって課税をしたときの政府の予算制約式は

$$b^P_{t-1} L_{t-1} = \alpha L_t + \frac{\tau L_{t+1}}{1+r} + \frac{\tau L_{t+2}}{(1+r)^2} + ... \tag{11.10}$$

となります。左辺が世代 $t-1$ の年金給付に必要な公債発行額，右辺が将来

世代からの税収入の割引現在価値です。人口成長率一定の仮定から，(11.10)
式は次のように変形されます。

$$b_{t-1}^P L_{t-1} = \alpha(1+n)L_{t-1} + \frac{\tau(1+n)^2 L_{t-1}}{1+r} + \cdots\cdots$$

$$= \alpha(1+n)L_{t-1}\left[1 + \frac{1+n}{1+r} + \left(\frac{1+n}{1+r}\right)^2 + \cdots\right] \qquad (11.11)$$

いま想定しているのは，人口成長率が利子率を下回る状況（$n < r$）です。
これを前提に等比数列の和を求めると次式を得ます[2]。

$$b_{t-1}^P L_{t-1} = \alpha(1+n)L_{t-1}\left(\frac{1+r}{r-n}\right) \qquad (11.12)$$

これを α について解きます。

$$\alpha = \frac{(r-n)\,b_{t-1}^P}{(1+r)(1+n)} \qquad (11.13)$$

この式は，世代 t 以降の人々が 1 人当たりどれぐらいの税負担をしなけれ
ばならないかを示しています。

7.4 　比　較

個人の予算制約式である（11.9）式に，政府の予算制約式から導出された
（11.13）式を代入します。

$$(1+r)C_t^y + C_t^o = (1+r)m - \frac{r-n}{1+n}b_{t-1}^P \qquad (11.14)$$

（11.5）式で $g=0$ とおけば

$$b_{t-1}^P = (1+n)\tau m$$

となるので，これを（11.14）式に代入すると，最終的に世代 t の生涯の予算
制約式は次のようになります。

$$(1+r)C_t^y + C_t^o = (1+r)m + (n-r)\tau m \qquad (11.15)$$

ところで，（11.3）式と（11.5）式を組み合わせるとわかるのですが，制度改革前の生涯の予算制約式は，実は（11.15）と全く同一のものです。これが意味するところは，世代 t に支払う年金のために公債を発行し，その償還を世代 t より後の世代が行うことによって，賦課方式から積立方式に移行したとしても，それは生涯の予算制約式に何ら影響を与えることはできず，結局のところ，改革によって人々の効用を上げることができないということです。もちろん，ここでは人口成長率や利子率が一定であるといった仮定をおいたうえでの考察になっていますので，それらが変われば積立方式への移行が効用を高めることにつながる可能性もあります。しかし，たとえそうだとしても，制度変更時点における世代の年金給付の財源を確保しなければいけないことに変わりません。そういう意味で年金方式の変更は容易ではないのです。

Column	シンガポールの年金制度

　年金シニアプラン総合研究機構の HP には各国の年金制度の紹介が掲載されており，多くの国は年金制度を賦課方式で運営していることがわかります。その中で，シンガポールは積立方式を採用する珍しい国です。シンガポールでは，2012 年時点において，労使双方がそれぞれ月額賃金の 20％と 16％（合計 36％）を国に納めています。それを国が個人勘定で管理し，最低でも 2.5％の金利をつけて，将来年金として給付する制度を採用しています。日本の年金財政は，人口構造の変化に伴って保険料のみで年金給付を賄うのが難しくなり，現在では税金が投入されています。個人単位で口座を管理するシンガポールでは税金投入はなく，国家負担はゼロになっています。また，個人勘定ですので，最低でも残しておかなければならない金額さえ残しておけば，55 歳を超えて退職した場合には，年金給付を受ける（引き出す）ことが可能になっています。医療も同様の制度で運用しているので，積立方式の先進国と言えます。

Working

Working　　　　　　　　　　　　　　　　　　　　　調べてみよう

　年金改革の成功例として，スウェーデンがよく挙げられる。スウェーデンの年金制度の特徴や日本が参考にすべき点について調べてみよう。

Discussion　　　　　　　　　　　　　　　　　　　　議論しよう

　現在の年金制度に対する不信感から，「政府は年金事業から手を引き，年金制度を民営化すべきである」という主張がある。このことについてあなたはどう思うか。周りの人と議論してみよう。

Training　　　　　　　　　　　　　　　　　　　　　解いてみよう

　世代重複モデルにおいて，t 期における状況が次のように表されているとする。個人の効用関数 $u = (C_t^y)^{\frac{2}{3}}(C_t^o)^{\frac{1}{3}}$，所得 315，年金保険料率 10％，利子率 5％，人口成長率 2％，経済成長率 0％。引退期に受け取る年金給付額を b_t として，次の問に答えよ。

(1) 個人の労働期と引退期の予算制約式をそれぞれ求めよ。

(2) 賦課方式における政府の予算制約式を求めよ。

(3) 賦課方式における C_t^y，C_t^o をそれぞれ計算せよ。

(4) 積立方式における政府の予算制約式を求めよ。

(5) 積立方式における C_t^y，C_t^o をそれぞれ計算せよ。

▶ ▶ ▶さらに学びたい人のために

● 土居丈朗 [2021]『入門財政学（第2版）』日本経済評論社。
● 椋野美智子・田中耕太郎 [2021]『初めての社会保障（第18版）』有斐閣。
● 安岡匡也 [2021]『経済学で考える社会保障制度（第2版）』中央経済社。

【注】

1 M のお金を銀行に預けると，1年後には $(1+r)M$ になります。よって，今年の M と1年後の $(1+r)M$ は同じ価値を持つことになります。これを逆に考えると，1年後にもらえる M は，今年度の $M/(1+r)$ と同じ価値になります。このように，将来の価値を $1+r$ で割ることによって，現在の価値に調整することができます。

2 初項 a，公比 γ（<1）の無限等比数列の和の公式は下記の通りです。

$$\sum_{k=1}^{\infty} a\gamma^{k-1} = \frac{a}{1-\gamma}$$

（11.11）式にこの公式を当てはめれば，（11.12）式を導出できます。

参|考|文|献

● 厚生労働省 [2013] 第15回社会保障審議会年金部会資料。
● M. Feldstein [1974] "Social security, induced retirement, and aggregate capital accumulation", *Journal of Political Economy* 82, 905-926.
● 小塩隆士 [2004] 「公的年金をめぐる最近の研究動向」, Discussion Paper no. 408（神戸大学）。

Learning Points

▶景気が悪くなったとき，政府は積極的に景気対策をすべきだろうか。すべきだとしたら，具体的にどのような政策をとれば良いか。

▶政府による景気対策の問題点は何か。

▶ある年に減税をし，次の年に（同額の）増税をするという政策を政府が発表したとしよう。このような政策は国民の消費行動にどのような影響を与えるか。

Key Words

国民所得の決定式　乗数効果　裁量的財政政策　クラウディングアウト
公債の中立命題

1　病気になったらどうする？

朝起きたら体が重く，頭痛がします。熱もあります。どうやら風邪を引いたみたいです。今日のスケジュールを思い浮かべながら，これからどうすべきかを考えます。薬を飲んでもう一度寝るか，病院に行ってお医者さんに診てもらうか，それともいっそのこと何もせずじっと耐えるか…。さて，皆さんならこういうときにどうしますか。人間の体はうまくできていて，軽い病気やちょっとした怪我なら基本的には何もしなくても自然に治癒します。薬を飲んで病気を治すというやり方は，副作用を伴ったり，本来の治癒力を弱めてしまったりするという意味で問題があるかもしれません。

しかし，だからと言って，何もしないのが正解かというと，そうとも限りません。苦しい思いをしながら過ごすのは嫌ですし，どうしても明日までにやるべきことがあるという状況ではそんなことも言っていられません。ま

た，早く治さないと周りに伝染させてしまって迷惑だとか，場合によっては後遺症が残るなど，取り返しのつかない事態になることだってあり得ます。

　何か問題が起きたときに人為的にそれに対応すべきでしょうか。それとも自然に回復するのを待つべきでしょうか。この質問にどう答えるかは知識や経験だけでなく，その人の性格にも大きく関係するようです。そして，これは経済問題に対する経済学者の態度にも通じるようで，景気変動に政府が関与すべきかという問題には肯定的な意見と否定的な意見が混在しています。アダム・スミス以来，経済学者は長年この問題に対して議論を続けてきました。その過程でいくつかの合意が得られ，そして未だにいくつかの論点が存在します。本章では，その要点を概観していくことにしましょう。

2／景気変動

　古典派の経済学者は，市場に絶対の信頼をおいていました。その根拠は，価格・賃金の調整能力です。仮に財や労働の需給バランスがとれていなくても，価格が素早く上下すれば，需要と供給が変化し，最終的に両者は一致します。

　この考えに従えば，長期的な失業というのは存在し得ません。なぜなら，労働市場における超過供給（失業）は賃金の低下を招き，それは，労働供給の減少と労働需要の増加をもたらすからです。その結果，しばらくすれば職に就きたくても就けない人がいなくなるはずです。

　しかし，現実の世界を見回せば，これは机上の空論でしかないことがわかるでしょう。世界各国を見ても失業の存在しない国はありません。近年の日本の完全失業率は2〜3％程度で，ITバブル崩壊や世界金融危機のような経済ショックの後は5％を超えることもありました。海外には10％以上の失業率に悩まされている国も珍しくありません。ギリシャやスペインでは2012年の完全失業率が25％前後になったそうです。日本でも大きく報道されたので，覚えている人もいるでしょう。

この理論と現実の違いは，「価格・賃金が弾力的に変化する」という古典派の前提にあります。現実の経済では，古典派の人々が考えているほど価格や賃金の調整が素早く行われません。そのため，失業が発生したり，財の超過供給・超過需要が生まれたりします。モノや人が余っていると不景気と呼ばれ，逆に足りなければ好景気と呼ばれます。古来，私たちの経済活動はこの好景気と不景気を繰り返し経験してきました。なかには1929年の世界大恐慌や，1980年代後半に起きた日本のバブル経済のように，その振幅が極端になったケースも存在します。好不況の波があまりにも大きいときには「市場の自律性に任せるべきだ」とも言っていられません。政府が経済に介入して，失業やインフレを緩和するように行動する必要も出てきます。

このような考えを体系的にまとめ上げたのがケインズです。彼の著書である「雇用・利子および貨幣に関する一般理論」は極めて難解な書物とされていますが，彼の理論の根本をなす概念はいたってシンプルです。それは，人々がお金を使えば景気は良くなり，使わなければ悪くなるというものです。今日では当たり前になったこのような考え方を，彼は有効需要の原理という名前で呼びました。

この考え方に従えば，政府の行動も自ずから決まってきます。つまり，景気が悪いときには，政府が支出を増やして有効需要を刺激しなくてはいけません。逆に景気が過熱してインフレが起こりそうなときには，政府は支出を減らして有効需要を抑える必要性が生まれます。

3 国民所得の決定式

一国全体における財の需要は，必ず次の4つのどれかに分類されます。

(1) 民間による消費需要　　：消費 $= C$

(2) 将来のための投資需要：投資 $= I$

(3) 政府需要　　　　　　：政府支出 $= G$

（4）外国からの需要　　　：純輸出＝輸出－輸入＝NX

　ここで，国民所得（GDP）を Y，税収入を T で表すと，可処分所得は $Y - T$ となります。そして，消費と可処分所得には次のような関係があるとします。これを**ケインズ型消費関数**と言います。

$$C = c_0 + c_1(Y - T) \tag{12.1}$$

　右辺の c_0 は基礎消費と呼ばれ，所得水準にかかわらず必要な支出を表しています。c_1 は可処分所得 1 単位の増加に対して消費がどれだけ変化するかを示しており，**限界消費性向**と呼ばれます。一般的に消費は可処分所得の増加関数であり，また消費の増加分は可処分所得の増加分ほどには大きくならないと考えられるので，$0 < c_1 < 1$ を仮定します。

　ここでは簡単化のために，国民所得の影響を受けるのは消費だけと想定しましょう。つまり，投資，純輸出は Y にかかわらず一定であるとし，ここではそれぞれの値を I_0，NX_0 で表します。国全体の所得と需要が一致する状態は次のように書かれます。

$$Y = C + I + G + NX$$
$$= c_0 + c_1 Y - c_1 T + I_0 + G + NX_0$$

　これを Y について解くと

$$Y = \frac{1}{1 - c_1}(c_0 - c_1 T + I_0 + G + NX_0) \tag{12.2}$$

となり，この値を均衡国民所得と呼びます。

4 / 乗数効果

4.1 / 財政乗数

　このような経済において，政府が G を増加させた場合，均衡国民所得はどのように変化するでしょうか。G の増加量を ΔG，それに伴う Y の増加量を ΔY と表すと，(12.2) 式から次の関係が導出されます。

$$\frac{\Delta Y}{\Delta G} = \frac{1}{1-c_1} \tag{12.3}$$

　これは**財政乗数（政府支出乗数）** と呼ばれ，政府支出の増加によって国民所得がどれだけ増えるかを表しています。

　ここで，$0 < c_1 < 1$ の仮定より，$1/(1-c_1) > 1$ が成立します。つまり財政乗数は必ず 1 より大きく，「政府支出が増加したら，国民所得はそれよりも大きく増加する」ことを意味しています。このことを**乗数効果**と言います。例えば，$c_1 = 0.8$ ならば乗数は $1/(1-0.8) = 5$ になります。この場合，政府が 1 兆円の財政支出を行うと，国民所得が 5 兆円分増えるのです。(12.3) 式から明らかなように，限界消費性向 c_1 が大きければ大きいほど乗数も大きくなります。

　乗数効果の面白い点は，政府支出の意味を変えてしまったところです。本来，政府支出というのは必要なサービスを供給するための事後的な経費でしかありません。重要なのは，その政府サービスが国民にとって有益かどうかであり，その便益が費用に比べて小さければ，政府はその供給を行うべきではないとされます。しかし，乗数効果の概念によれば，そのサービスが有益かどうかはあまり関係ありません。もちろん，国民に有益な財を供給をするほうがより望ましいというのは言うまでもありませんが，ここでのポイントは「政府がいくらの支出を行ったか」ということなのです。無駄遣いであれ何であれ，政府がお金を使えば使うほど，国民所得は大きくなっていきます。ケインズの言葉を借りると「穴を掘って埋めるだけでも景気対策として意味

がある」ということになります。

4.2 減税乗数

（12.2）式において，今度は T を変化させてみます。

$$\frac{\Delta Y}{\Delta T} = -\frac{c_1}{1-c_1} \tag{12.4}$$

これは減税乗数と呼ばれるもので，税収入を 1 単位減らすと国民所得がどれだけ増えるかを意味しています（減税乗数の値がマイナスになっていることに注意してください）。

減税乗数の特徴は，その絶対値の値が財政乗数よりも小さいことです。それは，（12.3）式と（12.4）式を比べるとわかります。

$$\frac{\Delta Y}{\Delta G} = \frac{1}{1-c_1} > \frac{c_1}{1-c_1} = \left|\frac{\Delta Y}{\Delta T}\right|$$

この式は，同じお金を使うのであれば，減税よりも政府支出のほうが景気対策としては効果があることを意味しています。政府支出はそれ自体が需要を増やす効果を持ちますが，減税の場合は，政府から移転されたお金を国民が使ってはじめて需要が生まれるという間接的な方法をとっています。その際，国民に渡ったお金の一部が貯蓄に回ってしまうと景気を刺激する効果が弱まってしまうのです。

また，減税乗数は必ずしも 1 より大きいとは限りません。限界消費性向が 0.5 未満になると，減税乗数は 1 よりも小さくなってしまいます。こうなると景気対策としての意味がなくなってしまいます。「減税」という名前がついていますが，定額給付金や子供手当など，国民にお金を配る政策であれば同じことが言えます。景気対策としてこのような政策を行うのであれば，限界消費性向の値をきちんと調査しておく必要があります。

<table>
<tr><td>Column</td><td>定額給付金の乗数効果</td></tr>
</table>

　2008年に発生した世界同時不況を受けて，当時の麻生内閣は国民1人当たりに12,000円（65歳以上および18歳以下の者には20,000円）を給付する「定額給付金事業」を実施しました。その目的は，総額2兆円のお金を国民に配ることによって経済を活性化させるというもので，まさに経済学の教科書通りの政策が採用されたわけです。

　この政策の経済効果がどれぐらいだったのかを検証したのが内閣府［2010］です。この調査では，全国15,000世帯を対象にアンケートを行い（回答率61.3%），定額給付金の支出状況について詳細な回答を求めています。「いつ使ったのか」，「何に使ったのか」など，いくつかの質問がある中で，マクロ経済学者が最も興味を持ったのは，「給付されたお金のうち，いくら使ったのか」ということです。

　集計の結果はやや衝撃的でした。アンケート回答者への給付額4億1,585万円のうち，「定額給付金がなければ購入しなかったものに対する支出額」と「定額給付金によって増加した支出額」の合計は1億3,686万円でしかありませんでした。これは支給総額の32.8%ですから，定額給付金の限界消費性向は0.328だったということになります。

　これを元に計算すると，定額給付金による乗数効果は

$$\frac{0.328}{1-0.328} \fallingdotseq 0.49$$

となります。つまり，この調査の結果が正しいとすると，総額2兆円の給付は，約1兆円の経済効果しか生み出せなかったことになります。

5 　裁量的財政政策の問題点

5.1 　財政赤字の発生

　景気の状況に合わせて政府支出や税収入を操作することを**裁量的財政政策**と言います。これはケインズによって正当化されたもので，現在ではどの国においても状況に応じて採用されています。

　本章の **4** の理論を見てもわかるように，一定の前提条件の下ではこの政策は有効に機能します。景気が悪くなったときに必ず「政府による財政出動を！」という声が上がるのは，この政策の効果を国民が期待しているからでしょう。

しかし，あらゆる薬と同様に，政府の経済対策にも副作用があります。処方箋を間違えれば効き目がないどころか，場合によっては有害にすらなり得ます。財政政策の問題点の第1として，財政赤字の発生が挙げられます。政府支出の増加にしても，減税にしても，政府がお金を使って景気対策をするためには財源が必要です。しかし，そのために増税をしたのでは意味がありません。必然的に，政府は借金をして景気対策をすることになります。

　つまり，財政政策と財政赤字の発生は表裏の関係にあり，これらを切り離して議論することはできません。財政政策の継続的な実施は，政府債務の蓄積を意味します。現在の日本が巨額の政府債務に悩まされていることにはこのような側面が大きく関係しています。

　もちろん，政府債務の規模がそれほど大きくなければ特に弊害はないのですが，現在の日本のように債務残高が巨額になると，財政の維持可能性が懸念され始めます。この問題は，第13章で改めて議論することにしましょう。

5.2　政府の政策実行能力

　第2の問題点として，政府の政策実行能力の問題があります。裁量的財政政策の理論が正しいとしても，政府が適切なタイミングで適切な規模の政策を実行できなければ，絵に描いた餅にすぎません。しかし，「今が不況なのか」とか「いくらぐらいの財政支出をすれば良いのか」などを短期間で判断するのはなかなか困難です。誤ったタイミングで誤った規模の財政政策をするぐらいなら，むしろ何もしないほうがまだましということもあるかもしれません。

　さらに，政治家には「選挙で当選する」という目的があるので，判断が偏ってしまうという問題もあります。ブキャナン（J. M. Buchanan）とワグナーは，「民主主義を前提とする限り，政治家は国民の機嫌を損ねるような政策を採れない」と，ケインズ政策が偏って用いられやすいことを指摘しました（ブキャナン・ワグナー [1979]）。

5.3 財政政策の効果を打ち消す現象

これまでに示した理論は，政府支出が増えても投資や純輸出などに影響がないことを前提としていました。しかし，これはあくまでも簡単化のための仮定であって，現実の経済を反映したものではありません。

例えば，政府が公債を発行すると債券市場での需給バランスが崩れ，利子率に上昇圧力がかかります。お金を借りたい人が増えると，借りたい人の立場が弱くなり，高い金利でも手を出さざるを得なくなるからです。そして，利子率が上昇すると，企業や家計はお金を借りづらくなり，投資が減ります。このような現象を**クラウディングアウト**と言います。

また，政府支出の増加が利子率を上げると海外からの資金流入が起こり，自国通貨の需要が増えます。このとき，自国通貨の価値が上がり（日本で言えば円高），輸出の減少と輸入の増加が起こります。これを**マンデル・フレミング効果**と言います。

さらに，政府による総需要拡大政策が物価水準を上げるということも考えられます。物価水準の上昇は資産の実質的な価値を減らし，消費の低下をもたらします。これを**ピグー効果**（資産効果）と言います。

このように，財政政策の影響は多方面にわたります。これらが実際に起こるかどうかは，そのときの経済環境によりますから何とも言えませんが，仮に起こるとすると，これらの効果はどれも総需要を減らす方向へ働きます。そのため，財政政策による景気刺激策は，単純な乗数理論が説明するほどには影響力を持てないかもしれません。

以上で簡単に確認したように，財政政策が経済を改善するという保証はありません。そのときの経済状況に応じてさまざまな影響が考えられるため，財政政策の有効性を理解するためには，やはりマクロ経済モデルをきちんと勉強する必要があります。章末の参考文献を参考にしてください。

6 / 公債の中立命題

前節の最後で見たように，財政政策を議論する際には，その影響が経済の
どの部分に波及するかということをきちんと理解しなくてはいけません。政
府がお金を使えば景気が良くなると単純に考えるわけにはいかないのです。
そして，前節では言及しなかった効果がもう1つあります。それは，財政政
策が人々の行動を変えてしまうかもしれないということです。

6.1 / 税金による資金調達

2期間からなる経済を考えましょう。第 t 期の所得を Y_t，消費を C_t，納税
額を T_t で表します。政府の支出を G_t として，均衡予算を前提とすれば，T_t
$= G_t$ が成立します（$t = 1, 2$）。また，人々は第1期に S の貯蓄をするものと
すれば，第1期の予算制約式は

$$Y_1 = C_1 + S + T_1$$

と表されます。第2期では，その期の所得と第1期の貯蓄を使って消費と納
税をします。よって，この期の予算制約式は

$$Y_2 + (1 + r)S = C_2 + T_2 \tag{12.5}$$

となります。ただし，r は利子率です。これら2本の方程式を組み合わせた
うえで，$T_t = G_t$ を代入すると，2期間にわたる予算制約式が導出されます。

$$(1 + r)Y_1 + Y_2 = (1 + r)C_1 + C_2 + (1 + r)G_1 + G_2 \tag{12.6}$$

6.2 / 公債による資金調達

ここで，景気対策のために政府が第1期に減税を行い，$T_1 = 0$ にしたとし

ます。そして，政府はその支出 G_t を賄うために公債を発行します。すると
第 1 期の予算制約式は

$$Y_1 = C_1 + S \tag{12.7}$$

と変わります。この式だけを見るのであれば，税金がなくなった分，消費の
増える余地が発生し，その消費の増加が本章の **4.2** で示された減税乗数効果
を生み出すことになります。

　しかし，これは「どんな状況でも限界消費性向は一定である」としたケイ
ンズ型消費関数を前提としたときの話です。人々が合理的ならば，減税は政
府の債務を生み出し，最終的には将来の増税につながると予測するでしょう。

　第 1 期に発行した公債の額を F とし，政府はそれを第 2 期の増税によっ
て償還するものします。すると，政府の各期の予算制約式はそれぞれ，

$$F = G_1 \tag{12.8}$$
$$T_2 = G_2 + (1 + r)F \tag{12.9}$$

となります。

　人々は，第 1 期と第 2 期の予算制約である（12.7）（12.5）式と，政府の予
算制約である（12.8）（12.9）式をすべて考慮したうえで意思決定するとしま
す。そこで，これら 4 本の式をまとめると，次の式が導出されます。

$$(1 + r)Y_1 + Y_2 = (1 + r)C_1 + C_2 + (1 + r)G_1 + G_2 \tag{12.10}$$

　（12.10）式は，（12.6）式と全く同じです。これが意味するのは，人々が
政府の予算制約を読み込んで行動する場合，政府がその財源を税金で賄って
も，あるいは公債で賄っても，消費額や貯蓄額に違いは生まれないというこ
とです。なぜなら人々は，減税の分だけ将来増税が行われることを予測し，
それに備えて貯蓄を増やそうとするからです。

　結局，政府の減税政策は，個人の貯蓄の増加に吸収されてしまって経済刺
激効果を生み出すことはありません。このように，政府の資金調達を税金で
行っても公債で行っても消費には何も影響しないことを**公債の中立命題**と言

います。そのことを最初に指摘したのがリカード（D. Ricardo）で，後にその理論をバロー（R. Barro）が精緻化したので，バロー・リカードの中立命題とも言います。

　公債の中立命題は，その仮定がやや極端なために，必ずしも万人に受け入れられる主張ではありません。また実証研究でも否定的なものが多く，「公債の中立命題は完全に成り立っている」と主張する経済学者はそれほど多くはないでしょう。

　ただし，本章の **4.2** のコラム「定額給付金の乗数効果」でも書いたように，政府がいくらお金をばらまいても，最近はほとんどそれが消費に回らなくなっています。このような現状を見ると，公債の中立命題が全くの机上の空論と決めつけるわけにはいかないと思います。

調べてみよう

　実際の乗数がいくつかという点について，多くの研究者がその推測を行っている。いくつかの研究を確認しながら，乗数効果の推移について調べてみよう。

議論しよう

　バブル崩壊以降，日本政府は巨額の資金を景気対策に費やしてきた。このことの是非について，周りの人と議論してみよう。

解いてみよう

1. 消費：$C=10+0.8(Y-T)$，投資：$I=120$，政府支出：$G=50$，純輸出：$NX=20$，税収入：$T=50$ で表される経済を考える。ただし，Y は国民所得である。

　(1) 均衡国民所得を求めよ。

　(2) 政府支出が 10 増えたとき，国民所得はいくら増えるか。

　(3) 税収入を 10 減らしたとき，国民所得はいくら増えるか。

　(4) 問 (2) あるいは (3) の政策によって発生する財政赤字（＝公債発行額：$F=G-T$）はそれぞれいくらか。

　(5) 投資が利子率（r）の関数として $I=150-2r$ と表され，利子率と公債発行額には $r=15+0.5F$ という関係があるとする。このとき，問 (2)(3) の答えはどのように変化するか。

　(6) 純輸出が為替レート（e）の関数で $NX=0.25e-5$ と表され，為替レートと公債発行額には $e=100-4F$ という関係があるとする。このとき，問 (2)(3) の答えはどのように変化するか。

　(7) 消費が可処分所得だけでなく物価水準（P）の関数として $C=10+0.8(Y-T)-10(P-1)$ と表され，物価水準と公債発行額には $P=1+0.02F$ という関係があるとする。このとき，問 (2)(3) の答えはどのように変化するか。

2. 第 1 期，第 2 期の所得がともに 300，政府支出がともに 80 であるような 2 期モデルを考える。また，第 1 期から第 2 期にかけての利子率を r とし，第 t 期の消費を C_t，第 1 期の貯蓄を S で表す。消費者は各期の消費から $U=C_1C_2$ の効用を得ているとしよう。このとき，以下の問いに答えよ。

　(1) 問 (1)(2) では各期ごとに均衡予算制約を課している状況を想定する（す

なわち $T_1 = T_2 = 80$）。まず消費者の生涯予算制約を求めよ。

(2) 利子率を $r = 0.1$ として，C_1，C_2，S をそれぞれ求めよ。

(3) 問（3）〜（6）では，第1期の税収入を減らし（$T = 50$），その分を公債（F）でまかなうケースを考える。まず，政府の各期の予算制約を求めよ。

(4) 消費者の第1期，第2期の予算制約をそれぞれ求めよ。

(5) 消費者が政府の予算制約を読み込んで行動するとして，消費者の生涯予算制約式を導出せよ。

(6) 利子率を $r = 0.1$ として，C_1，C_2，S をそれぞれ求めよ。

▶▶▶さらに学びたい人のために ─────────────

●齊藤誠・岩本康志・太田聰一・柴田章久［2016］『マクロ経済学』有斐閣。

●福田慎一・照山博司［2016］『マクロ経済学入門（第5版）』有斐閣。

● N. グレゴリー・マンキュー［2017］『マンキューマクロ経済学 I 入門編（第4版）』東洋経済新報社。

● N. グレゴリー・マンキュー［2018］『マンキューマクロ経済学 II 応用編（第4版）』東洋経済新報社。

参考 文献

●J. ブキャナン・R. E. ワグナー著　深沢実・菊池威訳［1979］『赤字財政の政治経済学─ケインズの政治的遺産』文眞堂。

●内閣府［2010］「『定額給付金に関連した消費等に関する調査』の結果について」。

13章 財政の持続可能性

▶日本政府は毎年いくらの国債を発行し，その累積債務はいくらになっているか。

▶政府が国債を発行することに正当性はあるか。あるとすればそれは何か。

▶ある国の財政が破綻するというのはどういうことか。それが起こる（あるいは起こらない）ための条件は何か。

財政赤字　累積債務　課税標準化　プライマリーバランス　ドーマー条件　ボーン条件

1 ポンジースキーム

　1920 年にアメリカで大規模な詐欺事件が発覚しました。首謀者の名前はチャールズ・ポンジー。彼は国際返信切手の価格が国ごとに違っていることに目をつけ，その利ざやで大儲けできることに気づきました。ここで，普通の人なら自分のお金で投資をし，それなりの利益を得て満足するところでしょうが，ポンジーはちょっと違うことを考えました。まずその「事業」を行うための会社を作り，事業計画書を公開し，人々から投資を募ったのです。

　投資家に対してポンジーが提示した条件は，90 日で 40% の利子が付くというものでした。当時の一般的な預金利息が 5% だったことを考えれば，これは破格と言えます。そのため，多くの人がこの話に乗って，ポンジーの元には次から次へとお金が舞い込んできました。

　しかし，ポンジーはこのお金を事業には回しませんでした。後からわかったことですが，ポンジーは集めたお金を前の顧客への支払に回していたので

す。お金を集めては前の顧客に支払い，また集めては支払うという自転車操業をすることで，事業がうまくいっていると見せかけ，集める資金の額を増やしていきました。一説には，総額1,500万ドルの資金を調達したと言われています。

　当時としては斬新な手口と，あまりにも大きな被害額が話題になり，ポンジーの名前は後世にまで残ることになりました。彼が行った自転車操業的な詐欺は，「ポンジースキーム」と呼ばれています。

2／現代のポンジースキーム

　ポンジースキームはその後，対象を変えて何度も世の中に現れます。最も有名なのは2008年に逮捕されたバーナード・マドフの事件でしょう。彼はなんと30年以上にわたって数兆円規模の詐欺を行っていました。この事件では，史上最大と言われるその被害総額とともに，犯人であるマドフの経歴も話題になりました。実は，彼はナスダックの会長を務めたこともあるアメリカ金融界の大物だったのです。アメリカの金融政策にも強い影響力を持つほどの人物が長年にわたって詐欺を働いていたということで，この事件はニュースなどでセンセーショナルに扱われました。

　日本でも2012年にAIJという投資顧問会社の役員が4人逮捕されました。彼らは，当初は合法的な運用会社として業務を行っていましたが，厚生年金基金の運用に失敗した際に，事実を正直に開示するのではなく，虚偽の運用実績を報告をするという道を選択しました。そして，集めたお金を運用ではなく，元本返済や利払いに回し，あたかも順調に利益が出ているかのように見せかけたのです。もともとの志はともかく，こうなってしまってはポンジースキームと同じです。

　そしてもう1つ，一部の人たちの間で密かに「あれはポンジースキームではないか」とささやかれているものがあります。それは，日本政府が発行する国債です。

もちろん，日本国政府が意図的に詐欺を働いているわけではありません。運用が秘密裏に行われてきたこれまでの詐欺事件と違って，日本国債の使い道は国会で審議のうえ，公開されています。だから日本国債と詐欺事件を同列に扱うのはちょっとかわいそうなのですが，しかし，借金返済のために借金を繰り返すという構造だけを見ると，確かにポンジースキームと似たような側面があるのは否定できません。

3 財政破綻とは

　日本政府が膨大な借金を抱えており，そのため財政が破綻するかもしれないという話をどこかで聞いたことがないでしょうか。確かに，日本の政府が抱える借金（債務）の残高は世界的に見てもかなり大きく，財政運営に十分な余裕がないのは事実です。ただ，それがすぐに財政の破綻に結び付くかどうかは何とも言えません。

　財政破綻の実現性を考えるためには，まず財政破綻がどのような状態なのかを理解しなくてはいけません。ときどき「借金を返せなくなったら破綻する」という人がいます。これは半分正解で，半分間違いです。確かに個人の場合は，借金を返せなくなったら破綻するしかありません。すべての個人にとって時間は有限なので，遅くとも自分が死ぬまでには借金を返す必要があります。

　しかし，政府の場合は必ずしもそうではありません。政府は基本的に無限に存在し続けますから，すぐに返せなくても将来のどこかで返せるかもしれません。借金を返すための時間がとても長いというのが政府と個人の違いです。だから，政府が返済に困ったら，とりあえずまた借金をすれば何とかなります。その借金も返さなくてはならないという事態が来たら，また別の人から借ります。こうして次から次へと借金をし続けることができれば，財政破綻を先送りすることができます。

　しかし，これはポンジースキームそのものです。ポンジースキームでは，

新たなお金の投入が止まってしまった段階で事業が終焉を迎えますが，国家財政も同様に，政府にお金を貸してくれる人がいなくなったときに破綻します。そして，政府がお金を借り続けられるかどうかは，人々が政府を信頼しているかどうかにかかっています。世の中の大半の人が「財政破綻しない」と思ってお金を貸してくれる限り，財政は安泰です。しかしどこかのタイミングで財政の安定性を疑う人が現れると，政府に回るお金が少なくなり，それがある水準を超えた段階で財政破綻が実現します。

　以上のように，財政破綻というのは多分に心理的な問題です。日本が財政破綻するかどうかは，結局のところ，「皆がどう思うか」という群集心理にかかっています。しかし残念なことに，他人の心理状況を将来にわたって予測することはできません。ということは，財政破綻がいつ起きるのかを予測することもできないということになってしまいます。

　ただ，そういってしまうと身も蓋もなくなってしまいます。また，財政破綻の時期を予測する理論は存在しないとしても，財政状況が健全かどうかを見るための指標はいくつか存在します。現実のデータと政府債務に関する理論を理解しておけば，自分なりに財政問題を考えるきっかけにはなります。本章では，それらを概観していくことにしましょう。

4 日本の財政状況

　図表13-1では，2021年度の日本の一般会計予算を示しています。歳出総額のうち，社会保障費と地方交付税交付金等，および国債の償還と利払いで全体の75％以上を占めています。公共事業に無駄が多いということで，しばしば公共事業費が削減の対象になりますが，歳出全体に占める支出割合でみれば約6％にすぎないことがわかります。

　歳入については，特例国債と建設国債からなる公債収入が全体の半分近くを占めています。毎年，公債収入に頼った財政運営を行っていますので，当然，その残高は積み上がっています。図表13-2は，経済規模（GDP）

に比べてどの程度の債務残高を抱えているかを示しており、日本は先進国の中でその数値が最も高くなっていることが読み取れます。

図表 13 – 1 ▶ ▶ ▶ 一般会計予算（2021 年）

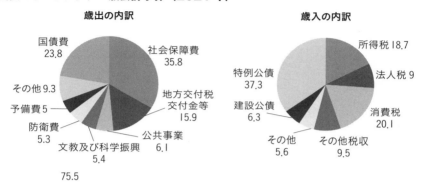

注：単位…兆円。
出所：財務省ホームページ。

図表 13 – 2 ▶ ▶ ▶ GDP に占める債務残高の割合

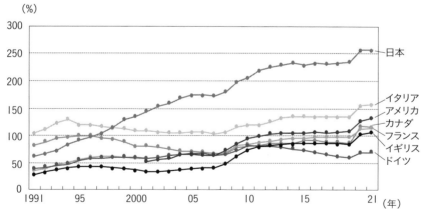

注：数値は General government gross debt（% of GDP）。
出所：IMF World Economic Outlook Database, April 2021.

　　公債を発行する根拠

5.1 　財政政策のための公債発行

　社会保障や公共サービスの提供など，政府活動のために必要な財源は本来は税金で賄われるべきです。しかし，日本政府は，毎年のように予算の一部を公債に頼っています。特に1990年代に入ってからは急速にその発行額を増やしており，その結果が**図表13－2**で示された現状です。

　幼いころから借金を「悪いもの」と教えられることが多いためか，政府が債務を増やしているという事実を聞くと，私たちは漠然とした不安を抱きます。しかし，個人にしても，企業にしても，そして政府にしても，借金そのものが常に悪ということはありません。

　特に政府の場合，公債を発行して財政支出を増やすことで景気を刺激することができます（第12章）。極端な景気の冷え込みを解消するためであれば，政府の借金はそれなりの意義があります。

5.2 　公共サービスの安定化

　政府の借金を正当化する理由として，税収入の変動を公債発行によって安定させられるという点を挙げることもできます。ある年は景気が良かったり，続く年は景気が悪かったりと，経済状況は年ごとに変化しますので，それに合わせて，政府の税収も変化します。日本の例でいえば，2007年度に51兆円だった税収入が，2008年度は44.3兆円，2009年度は38.7兆円と急激に落ち込んだことがあります。これは2008年に発生した世界同時不況が原因なのですが，それにしてもたった2年で24％も税収入が減ってしまったのです。

　このような税収入の変動に対して，均衡予算原則を貫くことは必ずしも得策ではありません。そのことを**図表13－3**で確かめましょう。

図表 13-3 ▶▶▶国債発行の根拠

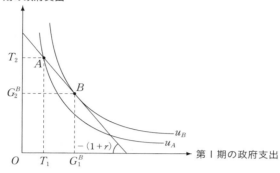

2期間の経済を想定します。政府はそれぞれの期に公共サービス G_t (t=1, 2) を提供し，国民はそこから $u(G_1, G_2)$ の効用を得るとします。公共サービスを供給するための財源として，政府は税 T_t を徴収するのですが，ここでは何らかの事情で T_1 が低くなってしまった状況を想定します。

仮に，政府が均衡予算原則を採用する（公債を発行しない）という方針をとったとしましょう。このとき，$G_1 = T_1$，$G_2 = T_2$ となり，**図表 13-3** における A 点で公共サービスの水準が決まります。そして，このときの国民の効用水準は u_A で表されます。

次に，均衡予算原則を外し，第1期の税収入の不足を公債で補う状況を考えましょう。第1期に F の公債を発行し，第2期に利子（利子率：r）を付けて返済するとします。すると，各期の予算制約式は

第1期：$T_1 + F = G_1$

第2期：$T_2 = G_2 + (1 + r)F$

となります。これらをまとめると

$$(1 + r)T_1 + T_2 = (1 + r)G_1 + G_2 \tag{13.1}$$

を得ます。これは2期間にわたる政府の予算制約式で，**図表 13-3** では A 点を通る傾き $-(1 + r)$ の直線として描かれます。

さて，(13.1) 式を制約条件として，$u(G_1, G_2)$ を最大にするような G_1, G_2

の組み合わせを求めてみましょう。すると，それは図の B 点（G_1^B, G_2^B）の組み合わせであることがわかります。図から明らかなように，$G_1^B > T_1$，$G_2^B < T_2$ です。よって，政府は第1期に借金をし，それを第2期に返済することで，社会全体の効用水準の引き上げが可能になるのです。

5.3 課税標準化

本章の **5.2** では，景気変動に合わせて公共サービスの水準を変化させるケースを考えました。しかし，景気変動への対応は増減税でも可能です。税収入が減りそうになったら税率を引き上げ，税収入が増えるときには税率を引き下げれば，税収入が安定化し，ひいては公共サービスの安定化を図ることができます。これは理屈としてはその通りなのですが，ただ，このように景気変動に応じて税率を変更するのは，**課税平準化** の観点から望ましいものではないことがわかっています。

2期間からなる経済を考えます。第10章で見たように，政府が第 t 期に τ_t の従量税を生産者に課すとすれば，それぞれの期において **図表13－4** の斜線部の面積だけの死荷重を発生させます。ここで，話を簡単にするために，需要関数が $p = a - bx$，課税前の供給関数が $p = cx$ とそれぞれ一次式で近似されているとしましょう。すると，

$$\text{第 } t \text{ 期の死荷重}：DWL_t = \frac{\tau_t^2}{b+c}$$

$$\text{第 } t \text{ 期の税収入}：T_t = \frac{(a-\tau_t)\tau_t}{b+c}$$

となります。

ここで，2期間にわたる税収入の合計を一定（$T_1 + T_2 = \overline{T}$）としたうえで，2期間の死荷重の合計を最小にするような τ_1, τ_2 の組み合わせを求めましょう。これを定式化すると，次のようになります。

図表 13-4 ▶▶▶課税標準化

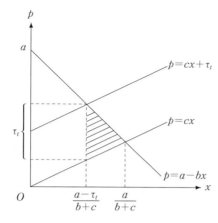

$$\min_{\tau_1, \tau_2} \quad \frac{\tau_1^2}{b+c} + \frac{\tau_2^2}{b+c}$$

$$\text{s.t.} \quad \overline{T} = \frac{(a-\tau_1)\tau_1}{b+c} + \frac{(a-\tau_2)\tau_2}{b+c}$$

これを，ラグランジュの未定乗数法を使って解くと，$\tau_1 = \tau_2$ を得ます。つ

Column	**課税平準化の観点で日本の国債を評価する**

　課税平準化の考え方を提示したのは第 12 章の **6** でも紹介したバローです。彼は，アメリカの国債発行が課税平準化の考え方と整合的な形で行われてきたことを示しました。この研究が契機となって多くの国で検証が進みました。日本のデータを使用した研究も複数なされています。例えば，早い段階で検証を試みた研究の 1 つである Fukuda & Teruyama［1994］では，日本の公債が課税平準化の考え方に沿って経済の効率性を損なわないように発行されてきたとするのは無理があり，むしろさまざまな政治的経緯に引っ張られる形で発行されてきたと考えるのが自然であるという見解を示しています。債務の範囲を社会保障基金や地方債まで広げるなどして，課税平準化に沿った国債発行が行われてきた可能性を示唆する研究もありますが，少なくとも 1970 年代以降の日本については，課税平準化の観点から国債発行を正当化するのは難しいとする結果が多いようです。このことに関して厳密な分析を見るのであれば，畑農［2009］が参考になるでしょう。

まり，死荷重を最小にするという観点からすると，毎年税率を変化させるよりも，税率を一定にしておくほうが望ましいのです。このとき，税収入が不足するようなら公債で補うということが必要になります。このように，課税標準化の理論を前提とすると，公債発行にも一定の意義が生まれます。

5.4 受益者負担の原則

　政府が公債を発行する別の理由として，受益者負担の原則を挙げることもできます。高速道路や空港などの大規模な事業は，その施設が完成して，実際に供用されるまでにとても長い時間がかかります。計画・設計，土地の買収，建設などの間にも費用がかかりますが，それらすべてをそのときに生きている人たちから集めた税金で賄うとすると，もしかしたらサービスを受ける前に亡くなってしまったり，供用開始時点ではサービスを受けることのない年齢になっているかもしれません。そうなると，税金の負担だけを行って受益がないということになります。逆に，空港や高速道路が完成してから生まれた人たちは，建設等にかかった費用を一切負担することなく，サービスだけを享受することができます。これは，世代間での不公平につながります。もし道路や空港，港湾などが供用されることによって将来世代もその便益を受けるのであれば，将来世代も建設等にかかる費用を負担してもよいはずです。このような考え方に立つと，将来世代もその恩恵を受けるような公的な施設の財源を賄うための公債発行が認められることになります。

　図表13－5には，日本の国債発行額の推移が示されています。濃いグレー色で示された棒グラフ部分が，ここで述べた世代間公平の観点から財政法第四条で認められた**建設国債**（4条債）です。すなわち，将来世代に何らかの形で便益を残すことになる公共的事業の財源を調達するために行われる借金です。他方，赤色棒グラフで示された部分は，**特例国債**と呼ばれるものです。これは，一時的に財政収支の赤字を埋めるために発行されるもので，将来世代に特に何かを残すわけではありません。往々にして，一時しのぎの借金に頼りたくなってしまうのを防ぐために，特例国債については，毎年国

図表 13 - 5 ▶ ▶ ▶ 国債発行額の推移

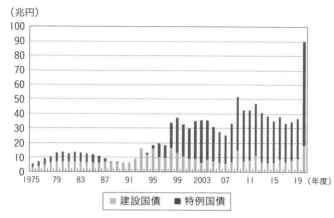

出所：財務省ホームページ「日本の財政関係資料（令和 2 年 7 月）」。

会において特例公債法案として審議されることになっています。

Column　世代会計

　受益者負担の原則に従えば，公共サービスから受ける便益と，税や社会保険料などの負担がつり合っている必要があります。しかし，現実的にはある世代が得をして，別の世代が損をするということは避けられません。

　それぞれの世代において，公的負担の格差がどれぐらいあるかを見るために開発されたのが，**世代会計**と呼ばれる手法です。1990 年代初頭にアワーバック（A.J.Auerbach），ゴーケル（J.Gokhale），コトリコフ（L.J.Kotlikoff）という 3 人の経済学者によって提唱されました。世代間格差を定量的に示す方法を提示しているうえに，どこの国で世代間格差が大きいかといった国際比較も行うことができることから，徐々に関心を集めています。

　増島他［2009］は，世代会計の手法を使って 2005 年時点における日本の各世代の生涯純負担を計測しました。それによれば，2005 年の段階ですでに引退した人たちの生涯純負担はマイナス（受益超過）である一方，それより若い人たちによってはプラス（負担超過）になっているとのことです。それだけでなく，年齢が若くなるほど負担超過幅が大きくなり，世代間格差が明確に存在することがわかります。さらに言えば，2005 年時点で 0 歳だった世代と，それよりさらに後に生まれてくる世代（将来世代）を比較すると，将来世代は現存世代の 3 倍近い生涯純負担を負うことになるそうです。

　どんな理屈を持ってきても，これほどの格差を正当化することはちょっと難しそうです。やはり，世代間格差を是正するための政策が早急に求められます。

6 財政の持続可能性

6.1 持続可能な財政とは

「日本の財政は持続可能か」を議論するとき，まず考えなければいけないのは，そもそも持続可能な財政とは何かということです。実はこれには明確な定義がなく，多くの人がバラバラな基準の下に「日本の財政はかなり厳しい」とか「まだまだ大丈夫」と言っているのが現状です。

一般的に，ある国の財政が持続可能であると言ったとき，次の4つのどれかを指すことが多いようです。

（1）毎年の税収入で歳出をまかなっている

（2）長期的に累積債務が減少している

（3）長期的に累積債務の対 GDP 比が低下している

（4）遠い将来において累積債務の現在割引価値がゼロまたは負になる

以下，順番にそれぞれが持つ意味を見ていきましょう。まず（1）については，確かにこれを実現できれば，その財政は持続可能と言えます。しかし逆に，（1）を満たさなければ財政は維持できないかと言うと，そんなことはありません。つまり，これは持続可能な財政のための十分条件ではあるけれど，必要条件ではないのです。そういう意味で，(1)はかなり厳しい条件です。

次に（2）です。この基準では，単年度に税収入が不足することや，ある期間に累積債務が存在したり，増加したりすることは否定していません。ある程度長いスパンの中で，債務が減る傾向にあれば，その国の財政は健全であると考えるわけです。

ところで，政府はその債務を減らさなくてはいけないのでしょうか。この点に着目したのが（3）です。仮に債務が増えているとしても，それ以上のスピードで経済が成長すれば，GDP で割った債務の比率は低下します（**図表13－6**）。本章の **3** で見たように，財政を維持するために必要なのは債権者からの信用です。将来の税収入の源泉である GDP が，債務の増加率以

図表 13-6 ▶▶▶ GDP と債務残高の変化

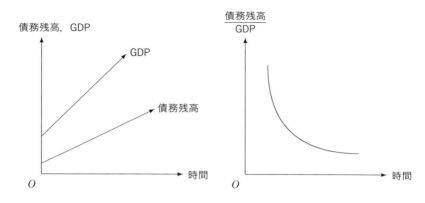

上のペースで増え続けるのであれば，政府に対する信用も安定すると思われます。

（4）は経済学の専門論文によく登場する条件です。（3）では政府債務の増加率と経済成長率を比較したのに対して，（4）では政府債務の増加率と利子率の関係に着目します。

今，政府が国民から借りたお金を返済するために，再び借金をするという状況を考えます。つまり，借金で借金を返すポンジースキームをするわけです。この場合，最初に借りたお金に利子が付き，次に借りたお金にも利子が付き…，ということを繰り返すわけですから，追加的な借金をしなくても，債務は毎年（$1+r$）倍になって増えていきます。

ここでこれを逆に考えてみます。債務の増え方が（$1+r$）倍よりも小さい国があるとします。このとき，この政府は借金のすべてを借金で返済しているわけではなく，何らかの形で返済努力をしているということになります。そうであるならば，このような政府の財政は破綻しないと考えても良いかもしれません。そこで，債務の増加率が利子率より低く，次の関係が成立することを健全な財政の条件の1つとして考えるのです。

$$\lim_{t \to \infty} \frac{D_t}{(1+r)^t} \le 0 \tag{13.2}$$

ここで，D_t は第 t 期における公債の残高を表しています。(13.2) 式は，ポンジースキームを行っている国では成立しないので，「非ポンジーゲーム条件」と呼ばれています。

6.2 財政収支とプライマリーバランス

以上で示された持続可能な財政の基準の意味を，以下では数式を使って確認していきます。**図表 13 − 7** には一国の歳入と歳出の内訳が簡略化されて描かれています。歳出の中身は，一般歳出（E），償還費（R），そして国債利払い（rD）に大別されます。一般歳出とは社会保障関係費や公共事業費などに充てられるお金のことで，政策的経費とも呼ばれます。償還費は過去に発行した国債を返済するものであり，これと利払費（rD）を合わせて国債費と言います。なお，D は累積債務の総額です。歳出をまかなうための財源は税収入（T）と国債収入（F）で，各年度の歳入と歳出は必ず一致しています。

$$T + F = E + R + rD \qquad (13.3)$$

この式を変形して，期を表す添え字を付けると

$$F_t = (E_t + R_t + rD_{t-1}) - T_t \qquad (13.4)$$

となります。(13.4) 式の左辺は国債発行額，右辺は歳出と税収の差額を意味します。歳出が税収を上回ると，政府は国債を発行して財源の穴埋めをしなければいけません。

ここで，**プライマリーバランス**（Primary Balance）という概念を紹介しましょう。これは基礎的財政収支と訳され，税収入と一般会計歳出の差と定義されます。

$$PB_t = T_t - E_t$$

これを（13.4）式を使って書き直すと，

図表13-7 ▶▶▶ 簡素化された歳入・歳出の内訳

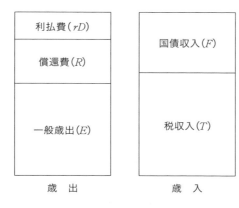

$$PB_t = R_t + rD_{t-1} - F_t \tag{13.5}$$

となります。

6.3　債務残高の変化

　時々，「日本の政府債務を減らすためには，税収が歳出を上回る状態にしなくてはならない」と主張する人がいます。これは，決して間違っているわけではありませんが，正しいとも言えません。**図表13-7**を見てみましょう。この政府の税収は歳出よりも少ないので，t期にF_tの国債を発行しています。国債というのは借金ですから，その分債務が増える気がします。でも，この政府は同時に，R_tの返済をしています。ということは，仮に

$$F_t < R_t$$

であるならば，債務は減少するのです。このように，税収が歳出を下回っていても，債務残高を減らすことはできるのです（もちろん，税収が歳出を上回れば必ず債務残高は減少します。でも，税収が債務残高を上回らなければ債務残高は減らないということではありません）。

図表 13−8 ▶▶▶財政収支と債務残高の関係

状　態	税収＜歳出			税収≧歳出
	$PB \leq 0$	$0 < PB < rD$	$PB = rD$	$PB \geq rD$
債務残高	増加		不変	減少

$t-1$ 期から t 期にかけての債務残高の変化を $\Delta D_t = D_t - D_{t-1}$ とすると，次の関係が成立します。

$$\Delta D_t = F_t - R_t \tag{13.6}$$

（13.5）式を（13.6）式に当てはめると

$$\Delta D_t = -PB_t + rD_{t-1} \tag{13.7}$$

が導出されます。すでに政府債務が存在している状況（$D_t > 0$）を前提とすると，プライマリーバランスが赤字（$PB_t < 0$）のときには，$\Delta D_t > 0$ となって，債務残高は必ず増加します。プライマリーバランスが黒字であっても，その額が利払費以下であれば（$PB_t \leq rD_{t-1}$）債務残高を減らすことはできません。しかし，プライマリーバランスが利払い費よりも大きな黒字（$PB_t > rD_{t-1}$）になれば債務残高が減少し始めます。

以上をまとめると，**図表 13−8** のようになります。日本の政府債務残高を減らすために，税収＞歳出にする必要はありません。もちろん，それを達成するに越したことはないのですが，**図表 13−1** からわかるように，2021 年度の日本政府は約 43.6 兆円の国債を発行しています。この状態からいきなり税収＞歳出にするのはあまり現実的とは言えません。

債務残高を減少させるための必要十分条件は，$PB > rD$，すなわち，プライマリーバランスを利払費分だけ黒字にすることです。2021 年度の日本政府のプライマリーバランスは約 19.8 兆円の赤字で，利払費は約 8.5 兆円です。つまり，財政状況を 28.3 兆円分改善すれば，債務残高が減少していくことになります。これも相当大きな金額ですが，国債発行額をゼロにすることに比べれば難易度はやや下がります。

2000年以降，政府が何度も「プライマリーバランスを黒字化する」という目標を掲げてきたのは上記の理由によります。しかし，長引くデフレや度重なる経済ショック（世界同時不況，東日本大震災，新型コロナウイルス感染症）などを理由に，その都度期限を先延ばしにしてきました。現在のところ黒字化のための目標年度を2025年と定めていますが，この目標が今度どのように扱われるのか注目されるところです。

6.4 ドーマー条件

本章の **6.1** で見たように，財政を維持するために必ずしも債務残高を減らす必要はありません。債務残高の対 GDP 比である D_t/Y_t が時間とともに低下する傾向にあれば良いというのは，財政の持続可能性に関する1つの考え方です。

この D_t/Y_t が時間の経過とともにどのように変化するのかを見るために，

$$\Delta\left(\frac{D_t}{Y_t}\right) = \frac{D_t}{Y_t} - \frac{D_{t-1}}{Y_{t-1}} \tag{13.8}$$

を考えます。（名目）経済成長率を g として，$Y_t = (1+g)Y_{t-1}$ を（13.8）式に代入すると次式を得ます。

$$\Delta\left(\frac{D_t}{Y_t}\right) = \frac{D_t - (1+g)D_{t-1}}{Y_t} \tag{13.9}$$

定義より $\Delta D_t = D_t - D_{t-1}$ ですので，（13.9）式は以下のように書き換えられます。

$$\Delta\left(\frac{D_t}{Y_t}\right) = \frac{\Delta D_t - gD_{t-1}}{Y_t} \tag{13.10}$$

ここに (13.7) 式を代入すると**ドーマー条件**と呼ばれる以下の式を得ます。

$$\Delta\left(\frac{D_t}{Y_t}\right) = \frac{(r-g)D_{t-1} - PB_t}{Y_t} \tag{13.11}$$

この式の符号がゼロもしくはマイナスの値をとれば，債務残高の対 GDP 比が長期的に発散せず，財政が持続可能ということになります。そのために

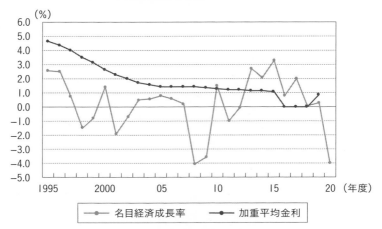

図表 13−9 ▶▶▶金利と名目経済成長率の推移

出所：財務省「国債等関係資料：普通国債の利率加重平均の各年ごとの推移（昭和50年度末以降）」
https://www.mof.go.jp/jgbs/reference/appendix/zandaka05.htm
内閣府「国民経済計算（GDP統計）」。
https://www.esri.cao.go.jp/jp/sna/menu.html

は，少なくとも次のどちらか（できれば両方）が成立していなくてはいけません。

（1）経済成長率（g）が利子率（r）を上回る。

（2）プライマリーバランス（PB）が正である。

逆に言えば，この2つがともに成立していないときには債務残高の対GDP比は必ず上昇し，その状態が長く続くと財政の持続可能性が危ぶまれることになります。

ドーマー条件に照らして，日本の財政の持続可能性はどのように判断できるのでしょうか。**図表13−9**には（国債）金利と名目経済成長率の推移，**図表13−10**にはプライマリーバランスの状況が示されています。この2つの図をみると，2010年代なかばを除くと，おおむね金利が成長率を上回っています。また，プライマリーバランスは常にマイナスです。つまり，この四半世紀ほどは上の2つの条件を同時に満たすことができていません。政府が増税するなど財政構造の改革に取り組もうとする理由をここに見て取ることができます。

図表 13-10 ▶▶▶プライマリーバランス対 GDP 比の推移

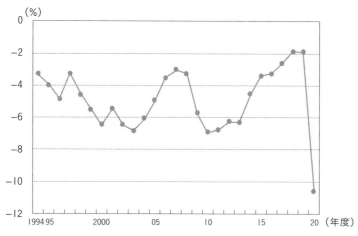

注：データの数値は Cyclically adjusted primary balance（% of Potential GDP）。
出所：IMF Fiscal Monitor（April 2021）。
https://www.imf.org/external/datamapper/GGCBP_G01_PGDP_PT@FM/JPN?year=2021

Column ／ **政治の場に登場したドーマー条件**

　ドーマー条件をめぐっては，政治の場でも議論されたことがあります。小泉政権時代の 2005 年当時，当時の竹中平蔵・総務大臣と与謝野馨・経済産業大臣の間で，次のような主張が交わされました。竹中総務大臣はこう言っています。

　「日本の場合，戦後の時期を見ていくと（金利より）名目経済成長率のほうが高かった」
　「きちんと経済運営すれば，名目金利が名目経済成長率を長期にわたって上回ることはないと思う」

　この考え方に従えば，金利よりも高い経済成長率を達成するような成長戦略を描くことによって，プライマリーバランスをゼロにするという目的を掲げればよいということになります。一方，与謝野経済産業大臣はこう言っています。

　「名目金利が名目経済成長率を日常的に下回ることはない」
　「各国のここ 20 年間の実績を見ても，うまい具合に長期金利が名目経済成長率を下回ったのはオーストラリアをはじめ数カ国ではないか」

　与謝野大臣の考え方では，経済成長率が金利を上回る状況をつくり出すのは，なかなか難しいので，プライマリーバランスで少なくとも黒字を確保する目標を立てるべきだということになります。政府の財政運営をどのように行うかという国家の重要な政策決定の場で，経済学の考え方をベースに議論が交わされていたことを示す 1 つの例といえます。

　（発言引用元：2005 年 12 月「経済財政諮問会議議事録」）

6.5 ボーン条件

1998年にボーン（H. Bohn）が財政の健全性に関する新しい見解を提示しました。ある年の債務残高の対GDP比と，次の年のプライマリーバランスの対GDP比に正の相関があれば（これをボーン条件と呼びます），その国の財政は健全であるとしたのです（**図表13-11**）。以下では，この条件の意味を，数式を用いて確認していきます。

まず，ボーン条件を次のように表します。

$$\frac{PB_t}{Y_t} = \theta \frac{D_{t-1}}{Y_{t-1}} + \frac{\mu}{Y_{t-1}} \tag{13.12}$$

$\theta > 0$ なら，$t-1$ 期の債務残高の対GDP比と t 期のプライマリーバランスの対GDP比が正の相関を持つことになります。(13.12) 式を

$$PB_t = \theta(1+g)D_{t-1} + (1+g)\mu$$

と変形したうえで，(13.7) 式に代入します。

$$
\begin{aligned}
D_t &= -PB_t + (1+r)D_{t-1} \\
&= [(1+r) - \theta(1+g)]D_{t-1} - (1+g)\mu
\end{aligned}
\tag{13.13}
$$

表記の簡単化のために $1+r-\theta(1+g) = \phi$ とおきます。そして，期を1つずつ下げながら代入を繰り返していくと

図表13-11 ▶▶▶ボーンの考え方

	$t-1$期		t期	
	$\dfrac{D_{t-1}}{Y_{t-1}}$ が上昇したとしても	$\longrightarrow$	$\dfrac{PB_t}{Y_t}$	が上昇すれば健全な財政
	$\dfrac{D_{t-1}}{Y_{t-1}}$ が上昇したときに	$\longrightarrow$	$\dfrac{PB_t}{Y_t}$	が低下するようなら問題のある財政

$$D_t = \phi D_{t-1} - (1+g)\mu$$
$$= \phi[\phi D_{t-2} - (1+g)\mu] - (1+g)\mu$$
$$= \phi^2 D_{t-2} - (1+g)\mu(1+\phi)$$
$$= \phi^2[\phi D_{t-3} - (1+g)\mu] - (1+g)\mu(1+\phi)$$
$$\cdots$$
$$= \phi^t D_0 - (1+g)\mu(1+\phi+\phi^2+\cdots+\phi^{t-1}) \qquad (13.14)$$

となります。等比数列の和の公式を用いて右辺第2項を計算すると，(13.14)式は最終的に次のように書き換えられます。

$$D_t = \phi D_0 - (1+g)\mu\frac{1-\phi^t}{1-\phi} \qquad (13.15)$$

（13.15）式は，政府がボーン条件を満たすように財政を運営したときの t 期における債務残高の動きを示しています。さて，このような財政運営は持続可能と言えるでしょうか。それを確認するために，（13.15）式を非ポンジーゲーム条件に当てはめてみましょう。

$$\lim_{t\to\infty}\frac{D_t}{(1+r)^t} = \lim_{t\to\infty}\left[D_0\left(\frac{\phi}{1+r^t}\right)^t - \frac{(1+g)\mu}{1-\phi}\left(\frac{1}{1+r}\right)^t + \left(\frac{1+g}{1+\phi}\right)\mu\left(\frac{\phi}{1+r}\right)^t\right]$$

$\phi = 1+r-\theta(1+g)$ ですから，$\theta > 0$ である限り，$\phi < 1+r$ となります。よって，ボーン条件が成立している経済では

$$\lim_{t\to\infty}\frac{D_t}{(1+r)^t} = 0$$

となって，非ポンジーゲーム条件が満たされることになります。その意味で，この国の財政は持続可能であると言えるのです。

ボーン条件の面白いところは，θ が正である限り，どんな小さな値でも良いということです。普通に考えれば，前期に悪化した分以上に財政を改善しなければ（つまり $\theta > 1$），財政を維持するのは難しそうです。でもボーン条件によれば，$\theta = 0.1$ でも，$\theta = 0.01$ でもかまいません。とにかく少しでも良いので健全化の努力を続けることが重要なのです。

財政破綻はそれほど珍しい現象ではなく，1990年代以降でもロシア，トルコ，アルゼンチン，そしてデトロイト市などで起きている。これらの国や市では，財政破綻後に経済や国民生活にどんな影響があっただろうか。調べてみよう。

日本のプライマリーバランスを黒字化するための具体的な提案を議論してみよう。

1. 2期モデルを考える。政府は第1期に G_1，第2期に G_2 の額の公共サービスを提供し，国民はそこから $u = G_1^{\frac{1}{2}} G_2^{\frac{1}{2}}$ の効用を得る。今，第1期の税収が10，第2期の税収が33であり，利子率は10%であるとする。以下の問いに答えよ。

(1) 政府が均衡予算原則に従って公共サービスへの支出額を決めるとする。このときの国民の効用水準を求めよ。

(2) 第1期に公債を発行し，第2期に返済することが認められたとする。このときの公債の発行額と，それぞれの期における公共サービスへの支出額をそれぞれ求めよ。

(3) (2)のケースにおける国民の効用水準を求めよ。

2. p を価格，x を量としたとき，ある財の（逆）需要関数が $p=100-x$，供給関数が $p=x$ で表されているとする。政府が供給者に対して第1期に τ_1，第2期に τ_2 の従量税を課すとして，以下の問いに答えよ。なお，期が変わっても需要関数，供給関数は変化しないものとし，利子率（割引率）はゼロであるとする。

(1) $\tau_1=8$，$\tau_2=44$ のとき，各期に発生する税収入と死荷重の大きさをそれぞれ求めよ。

(2) (1)の税収入を確保したうえで，両期間の死荷重の和を最小にしたい。このとき τ_1 と τ_2 をそれぞれいくつにすればよいか。計算せよ。

(3) (2)において，各期に発生する死荷重の大きさを求めよ。

3. ある国の今年度の財政データが次のように与えられているとする。

一般歳出額＝55，公債償還額＝10，公債に対する利子率：3%

税収入＝60，公債収入＝20

前年度の GDP＝1000，前年度末における債務残高＝500

(1)　今年度の国債発行額，プライマリーバランスをそれぞれ求めよ。

(2)　今年度末の債務残高はいくらになるか。

(3)　経済成長率が 1% のとき，今年度末における債務残高の対 GDP 比は上昇するか，下落するか。

(4)　債務残高の対GDP比が変わらないためには，何％の経済成長率が必要か。

▶ ▶ ▶さらに学びたい人のために

● 齊藤誠・岩本康志・太田聰一・柴田章久［2016］『マクロ経済学』有斐閣。

● 明石順平［2019］『データが語る日本財政の未来』集英社インターナショナル。

参|考|文|献

● Fukuda S. & H. Teruyama［1994］"The Sustainability of Budget Deficits in Japan," *Hitotsubashi Journal of Economics*, vol. 35, pp. 109-119.

● 畑農鋭矢［2009］『財政赤字と財政運営の経済分析』有斐閣。

● 増島稔・島澤諭・村上貴昭［2009］「世代別の受益と負担─社会保障制度を反映した世代会計モデルによる分析」，ESRI Discussion Paper Series No. 217。

第13章●財政の持続可能性

索　引

▶**著者紹介** ────────────────────────

小川 光（おがわ ひかる）

1970年東京都生まれ。1998年名古屋大学大学院経済学研究科を修了後，日本学術振興会特別研究員，名古屋大学大学院経済学研究科准教授・教授を経て，2015年より東京大学大学院経済学研究科・公共政策大学院教授。この間，米国ケンタッキー大学公共政策大学院客員研究員，文部科学省学術調査官などを務める。

西森 晃（にしもり あきら）

1971年愛知県生まれ。2000年名古屋大学大学院経済学研究科を修了後，愛知大学経済学部准教授等を経て，2008年より南山大学経済学部准教授。

公共経済学（第2版）

2015年 3 月30日	第 1 版第 1 刷発行
2021年 9 月25日	第 1 版第 5 刷発行
2022年 2 月10日	第 2 版第 1 刷発行
2023年 9 月20日	第 2 版第 2 刷発行

著　者	小　川　　　光
	西　森　　　晃
発行者	山　本　　　継
発行所	㈱中　央　経　済　社
発売元	㈱中央経済グループ パブリッシング

〒101-0051　東京都千代田区神田神保町1-35
電話　03 (3293) 3371 (編集代表)
　　　03 (3293) 3381 (営業代表)
https://www.chuokeizai.co.jp
印刷／文唱堂印刷㈱
製本／誠　製　本　㈱

©2022
Printed in Japan